AF368182

El caballo de Troya de Descartes

EL CABALLO DE TROYA DE DESCARTES: LA DUDA METÓDICA Y EL SECRETO DEL GENIO MALIGNO

Antonio Hidalgo Pedraza

Córdoba , 2014

© Antonio Hidalgo Pedraza

© EL CABALLO DE TROYA DE DESCARTES

ISBN papel: 978-84-686-5792-9
ISBN digital: 978-84-686-5793-6

Impreso en España

Editado por Bubok Publishing S.L.

Dedicado a mi esposa, Carmen, porque a su sacrificio y entrega debo el tiempo que he podido emplear en este humilde estudio.

También al Prof. D. Antonio Díaz, por su generosidad y pasión por el saber, quien ha honrado con su atención y su ayuda a este trabajo.

Y, finalmente, a la Institución Teresiana, al Colegio Bética-Mudarra de Córdoba y su directora, Amparo Velasco, pues nada hubiese sido posible sin el humanismo integral inspirado por S. Pedro Poveda.

Gracias de todo corazón.

1. INTRODUCCIÓN*:*

Recuerdo que en vísperas de la celebración del V Centerario de la llegada de Colón a América se discutía si aquella efemérides fue un descubrimiento o un encuentro entre culturas. En nuestro país se acrecentaba a pasos agigantados el interés por la multiculturalidad y de ello eran un reflejo los cursos organizados por algunas universidades y dirigidos tanto a profesores como a jóvenes recién titulados que se planteaban dedicarse a la docencia.

Visto desde la perspectiva que me permite el paso inexorable de los años, me siento inclinado a hacer una lectura en clave un tanto filosófica de aquél acontecimiento con el que se inauguraban los tiempos modernos para los europeos. Tengo que reconocer que debo algo de inspiración al filósofo argentino Feinmann, pero mis reflexiones me conducen por otros caminos distintos, como espero poder compartir con el lector.

Como digo, me resultó sugerente la asociación entre la gesta colombina y el atrevimiento de la duda metódica cartesiana que condujo a las filosofías del sujeto pensante. Por una razón: porque, en cierta manera, podríamos decir que ambos personajes, Colón y Descartes, fueron los primeros hombres modernos ya que sus dudas abrieron nuevos caminos de exploración para la Europa de su tiempo. En efecto, Colón dudó de los cálculos de los geógrafos helenistas y medievales; Descartes dudó del pensamiento escolástico-aristotélico a partir de las nuevas ideas de lo que hoy llamamos "la revolución copernicana" o "la (primera) revolución científica". ¿ Cómo hubiesen sido posibles la aventura, los grandes viajes de exploración, salir en busca de lo incierto y desconocido, sin haber roto por medio de la duda los límites de certidumbres en los que se hallaba instalada la vida de los hombres durante la Edad Media?. Sólo removiendo con la duda esos límites fue posible aventurarse en la búsqueda de nuevas certezas.

La duda, como posición intelectual ante una tradición instituida, será la precursora de todos los cambios modernos, hasta tal punto que me atrevo a decir que es la manifiesta consecuencia de, al menos, dos grandes fenómenos históricos:

En primer lugar, un nuevo modelo de liderazgo político internacional, por el que las grandes potencias europeas tendrán que ganarse sus derechos y posición prosperando económicamente y ampliando sus mercados. No puede extrañar que desde el S.XVI estas grandes potencias se enrolen en grandes proyectos de descubrimiento, exploración y colonización de nuestro planeta. Pero tal proyecto histórico tuvo un precio para el conjunto de las sociedades europeas: nuevas formas de legitimación social del poder (las racionalistas y las económicas, por ejemplo) tendrían que ir sustituyendo a la tradición (moral y teológica). Ahora, bien, tal cosa iría exigiendo la puesta en duda de la visión del mundo heredada del pasado...

En segundo lugar, un nuevo modelo epistémico que instaurará como juez de toda certeza a la razón y, por ende, al sujeto pensante. Sólo aquello que se ajusta al rigor, al cálculo, a la lógica deductiva y previsora, en definitiva, a las medidas de la razón, puede admitirse como verdadero (teóricamente, primero, y más tarde, con la Ilustración, prácticamente). Un nuevo tipo de racionalidad, metódica, matematizante, científica, se irá enseñoreando culturalmente y, desde la perspectiva universalista de su elevada atalaya, dará la medida de cuanto merezca ser tenido en cuenta como cierto y real.

Unidas a la historia de los sistemas filosóficos van tres tipos de experiencias que están en el origen de la filosofía misma: *La filosofía comenzó con la **admiración** o el **asombro** frente al ser, cambió su rumbo histórico a partir de la irrupción de la **duda racional** como fuerza desmitificadora de los prejuicios culturales heredados y, posteriormente, buscó **interpretar y comprender** mejor el sentido de lo humano desde enfoques diversos e, incluso, en conflicto : me parece muy acertada la distinción que hizo P. Ricoeur entre una **hermenéutica de la sospecha** (que deconstruye lo que procede del sujeto individual o colectivo, hasta encontrar las claves del sentido en las estructuras profundas de la cultura, la sociedad o la psique que le determinan: Nietzsche, Marx, Freud) y una **hermenéutica de la escucha** (fenomenología, Heidegger, Gadamer, etc.); ésta última, orientada a desvelar más plenamente los posibles sentidos del ser que se nos revelan a través de signos e intepretaciones múltiples y fragmentarias.*

Pues, bien, con el estreno de la modernidad, la fuerza de la duda entra en la escena histórica. A partir de Colón y Descartes ya no se podrá seguir pensando como los griegos, pues la pasión por el saber (filosofía) ya no será despertada por el asombro del hombre que contempla el infinito misterio del ser, sino provocada por una actitud de duda y sospecha ante el mundo cultural legado por la tradición; será una pasión por cambiar el mundo, crear un nuevo orden de ideas, una nueva visión de las cosas ajustada a un nuevo tipo de razón que identifica el conocimiento humano con la previsión y el control de la realidad conocida. Cambiará también por ello el concepto de la relación de los quehaceres vitales con el mundo : en tiempos pretéritos los hombres podían romper sus laboriosas rutinas con la vida contemplativa, con las festividades, con las peregrinaciones o con las reconquistas, en los tiempos modernos el hombre europeo, que ha roto con sus dudas el cordón umbilical que le ataba a las certidumbres heredadas, saldrá a explorar e investigar los confines del mundo con el afán de poseer y dominar los seres (como medios de producción e intercambio económicos). Y con los beneficios de sus conocimientos e invenciones se pondrán las bases para la formación de sociedades cada vez más laboriosas, productivas y comerciantes.

En relación con la duda, tal y como aparece en la obra de Descartes, hay una cuestión que siempre he considerado un tentador enigma: ¿ conocemos suficientemente la función epistémica que pudo desempeñar el artificio hiperbólico del genio maligno en la tarea reconstructiva de los saberes científicos que acometió el proyecto filosófico cartesiano?. Honestamente, creo que hoy estamos en condiciones de poder arrojar algo más de luz sobre la significación de este aspecto, aun cuando no podamos resolver completamente el enigma. A esto me dedicaré en lo que sigue.

2. LA DUDA METÓDICA CARTESIANA Y EL POSIBLE ORIGEN SUARECIANO DE LA HIPÓTESIS DEL GENIO MALIGNO.

Muchos ya saben en qué consiste la duda cartesiana. Se trata de una muy deliberada decisión que toma Descartes de seguir las reglas del método, tan útiles hasta entonces en las matemáticas, también en todas las demás ciencias, a las que veía como partes de una unidad y a la que llamaba la "sabiduría humana" o, sencillamente, la "Filosofía". Así, en la primera de las "Reglas para la dirección de la mente" , Descartes deja sentado el principio de la unidad del método racional como base para construir una ciencia universal :

> " El fin de los estudios debe ser dar al espíritu o a la mente una dirección que le permita formular juicios sólidos y verdaderos sobre todo lo que se presenta a él.
> ...Pues, supuesto que todas las ciencias no son nada más que la sabiduría humana, que permanece siempre una e idéntica, por muy grande que pueda ser la diversidad existente entre los temas a que se aplica, y que no toma de ellos mayor número de diferenciaciones que las que toma la luz del sol de la variedad de cosas que ilumina, no hay necesidad de imponer a las mentes o espíritus ningún límite. Porque el conocimiento de una sola verdad, como ocurre cuando se trata de la práctica de un solo arte, no nos aparta del descubrimiento de otra verdad, sino que más bien nos ayuda a ello...
> ... Hay que pensar que todas las ciencias están ligadas entre sí de tal manera que es mucho más fácil aprenderlas todas juntas que separar una de ellas de las otras. Si alguien quiere, pues, buscar seriamente la verdad, no debe escoger para ello una ciencia particular; las ciencias están todas unidas entre sí y dependen las unas de las otras. Que piense solamente en acrecentar la luz natural de su razó, no para resolver tal o cual dificultad concreta de la escuela, sino para que, en cada circunstancia concreta de su vida, su entendimiento muestre a su voluntad lo que es preciso escoger." (Reglas para la dirección de la mente. Ediciones Orbis 1983. Págs. 143-146)

Este método, único y universal para todas las ciencias, no es, como muy bien explicaba Sergio Rábade (Descartes y la gnoseología moderna. G. del Toro), una imitación del empleado por las matemáticas, sino el modo esencial y apriórico del conocimiento deductivo que caracteriza a la razón humana y, será por esa razón, por la cual Descartes considera a la Filosofía con el derecho a utilizarlo también.

La duda metódica es el primer paso obligado en la utilización del método con el fin de establecer la primera e inconfundible certeza de la que se podría deducir el conocimiento de todas las cosas de las que es capaz la razón humana. Descartes busca el saber a través de la duda; ésta es metódica puesto que cumple una doble función: crítica y útil para conocer. En efecto, como dice Rábade :

> *"La primera función podemos calificarla con una expresión de que nos hemos valido ya antes:* **desescombro**. *..El aprendiz de crítico se encuentra con que su mente está cargada con un bagaje de verdades y certezas, es decir, con un conjunto de conocimientos que funcionan, vitalmente al menos, para cada uno de nosotros, con valor de verdad y de certeza. Ahora bien, mientras no nos planteemos críticamente el valor de tales verdades y certezas, todas ellas carecen en absoluto de valor "científico". Y el planteamiento crítico que Descartes nos propone es preguntarnos sencillamente: ¿ tenemos motivos de duda, por muy ligeros que sean, para invalidar la pretendida certeza de tales conocimientos?. Como, efectivamente, existen tales motivos de duda, lo mejor que podemos hacer es, al menos provisionalmente, barrer de nuestra mente todas esas certezas. En una palabra, hay que comenzar dudando de todo. ...la segunda función de la duda (es): ser no sólo paso obligado, sino incluso fuente de la certeza... (y)para ser fuente de una certeza absoluta, la duda ha de ser también absoluta. Nada, en principio, ha de sustraerse a tal duda". (Descartes y la gnoseología moderna. Sergio Rábade. Guillermo del Toro, 1971. Págs. 26-27)*

En tal caso, la duda metódica es planteada como la más radical crítica a la que debe someterse nuestra natural facultad cognoscitiva (la razón) para evaluar sus posibilidades y límites y, en definitiva, para poder justificar impecable e inequivocamente la confianza a la que tiene derecho el pensamiento racional y científico (y, por ende, la Física moderna). Digámoslo de otro modo: **la duda metódica será el examen crítico que la razón humana se hace a sí misma para poder reivindicar su plena autonomía y autosuficiencia para investigar la** *verdad.*

El alcance universal de la duda metódica es un primer momento en la explicación de una de las ingeniosas hipótesis que el filósofo racionalista se inventa: la famosa hipótesis del genio maligno. Ni el engaño de los sentidos, ni las falacias del pensamiento, ni la ingeniosa ocurrencia de que pudiésemos estar siempre soñando son razones lo suficientemente universales o absolutas como para cuestionar la natural aptitud de la razón humana para conocer la verdad . Sin embargo, la hipótesis de un genio maligno sumamente poderoso que se divierte "poniéndole zancadillas y trampas" a la inteligencia humana a fin de que se confunda en todo lo que conciba, parece una ficción metodológica para convertir en universalísima, hiperbólica, la duda contra el conocimiento racional. Será increíble tal hipótesis, pero ahora el reto de defender los fueros de la razón es algo considerablemente más complejo.

Pero, ¿ basta esta explicación de los motivos?.

Recientemente se ha visto enriquecido nuestro conocimiento del tema. Hay investigaciones de gran valor histórico que demuestran cierta posible influencia escolástica en la hipótesis cartesiana del "dios engañador" y del genio maligno. Como prueba la investigación histórica de Baciero Ruíz, las reflexiones suarecianas sobre las causas del error, expuestas en la *Disputación Metafísica 9,* pudieron servir como fuente de inspiración a Descartes. Sabemos con seguiridad que Descartes conocía bien la obra del jesuíta granadino, la cual debió estudiar en el Colegio de La Flèche.

En la Disputación 9, Suárez, tratando sobre las causas del error que se puede dar en nuestros juicios, las divide en intrínsecas y extrínsecas al hombre. En el primer caso el hombre se puede ver inducido al error tanto por su mal razonamiento como por aprender mal de las enseñanzas de cualquier autoridad creada (no sólo humana sino, incluso, angélica). En el segundo caso, el hombre podría caer en el error obligado por una causa externa al hombre, como el engaño de un ser superior al hombre, ya fuese Dios ya fuese "un ángel malo". Suárez rechazará estas hipótesis, concluyendo que el error radica siempre en la imperfección del hombre y en la falta de un fundamento evidente para nuestros juicios.

El interesante trabajo de Baciero, " *El genio maligno de Suárez: Suárez y Descartes",* fue editado por la U. P. Comillas en 2007, y puede encontrarse en el Repositorio Documental de la Universidad de Salamanca.

¿Quedaría suficientemente esclarecido el tema que estamos investigando?. Por supuesto, con investigaciones históricas tan bien documentadas como la recién citada, hemos avanzado ya mucho. Pero, sinceramente, creo que todavía no se ha terminado de resolver el enigma del genio maligno. Personalmente, pienso que Descartes pretendía dirimir definitivamente el fuerte debate entre los partidarios de la nueva Física (como era el caso de Galileo) y los de la física aristotélico-ptolemaica, quienes supieron mover los hilos para provocar el recelo y la virulenta reacción eclesiástica contra los primeros. Descartes quiso elaborar un argumento definitivo en defensa de una Física construida sobre bases estrictamente matemáticas y racionales. Su argumentación tocaba una de las piezas maestras de las objeciones filosóficas que los teólogos presentaban contra los defensores realistas de la astronomía copernicana. Pero la cautela o la falta de atrevimiento del francés podrían explicar por qué nunca llegó a dar a conocer todas sus intenciones...No habría sido la única ocasión en la que Descartes se reservase una explicación pública en defensa de la nueva astronomía: sabemos que fue la condena a Galileo lo que le llevó a no publicar su "Tratado del Mundo", obra que no llegará a imprimirse hasta después de su muerte.

Mis comentarios se centrarán en ciertos pasajes de escritos de Descartes que considero muy relevantes para comprender la estrategia argumentativa de la duda hiperbólica cartesiana y su superación mediante el rodeo teológico deductivo (es decir, el recurso al Dios Perfecto y Veraz) . Creo que estos pasajes son más significativos por lo que dejan sobreentendido, sin decir, que por lo que literalmente afirman.

Mi hipótesis es que Descartes pretendía algo que nunca se atrevió a confesar: refutar las objeciones lógico-teológicas que se oponían a los defensores de la nueva astronomía, sobre todo, las que se formularon en el jucio inquisitorial contra Galileo (1633)

Anticipo lo que voy a tratar en las páginas siguientes, donde procuraré presentar elementos que considero importantes para un estudio histórico que pretenda presentar una nueva hipótesis que arroje otra luz sobre esta parte tan característica del sistema filosófico cartesiano. Para mí no es un trabajo fácil, pues requiere de larga investigación. Yo sólo podré presentar aquí una muestra, y, aún así, puede ser un desarrollo lento y largo. Lamentablemente, las pesquisas históricas no siempre llegan a conclusiones indiscutibles, pero espero presentar una hipótesis algo novedosa, un punto de vista diferente sobre la obra de Descartes, una conjetura plausible y que, creo yo, no suele presentarse en las interpretaciones popularizadas sobre Descartes.

3. LA RELACIÓN ENTRE DESCARTES Y GALILEO.

El método de la ciencia visto por Galileo y por Descartes.

Descartes escribe las *"Meditaciones metafísicas"* en 1641, cuando habían pasado ya cerca de ocho años del segundo juicio inquisitorial contra Galileo, por el que éste fue obligado a retractarse de sus convicciones astronómicas y conminado a no tomar el modelo copernicano más que como mera hipótesis con un valor instrumentalista, es decir, útil para las predicciones astronómicas. Galileo morirá en enero de 1642, poco después de publicadas las *Meditaciones* cartesianas. Para esa fecha el caso de Galileo era una historia bien conocida y dolorosa para gran parte de los intelectuales de la modernidad. Descartes era un ferviente defensor de la nueva Física y estaba completamente de acuerdo con la visión galileana de que, para defender el copernicanismo, ya no bastaba el ataque a la física aristotélica, sino que era necesaria una revolución dentro de la ciencia mecánica, consistente en utilizar el razonamiento matemático para desentrañar las leyes y las causas de los movimientos de los objetos físicos. Descartes, por ello, será uno de los grandes impulsores del nuevo paradigma mecanicista y tratará de unificar mediante las leyes físico-matemáticas del movimiento todos los fenómenos naturales, tanto celestes como terrestres.

Probablemente, una de las diferencias más significativas en esta revolución metodológica que impulsan Galileo y Descartes será el peso que le conceden a la observación o experimentación frente a los razonamientos lógico-matemáticos. Es bien sabido que el método de las investigaciones galileanas era el compositivo resolutivo que se remontaba a la Escuela de Oxford, en el S.XIII, dentro de la que destacaron Grosseteste y R. Bacon. Pero los medievales, conocedores del método científico experimental, no solían servirse del mismo puesto que sus intereses no se centraban en las indagaciones naturales sino, más bien, en la teología. Para Galileo Galilei la nueva física debía ser una combinación equilibrada entre "experiencias sensatas" y "demostraciones matemáticas ciertas "; en cambio, su posición racionalista conduce a Descartes a confiar en demasía en el apriorismo cognoscitivo de la razón matematizante, llegando a decir que todas las verdades de la nueva física debían ser rigurosamente deducidas a partir de principios absolutamente evidentes para la razón humana. El filósofo racionalista concederá escaso valor a los experimentos reales, pues tenderá a pensar que si la razón deduce con rigor metodológico cualquier conclusión a partir de ideas claras y distintas, cualquier desacuerdo con los hechos observables sería relativo y, en cualquier caso, obligaría a revisar críticamente el planteamiento y realización de los experimentos.

Galileo, en cambio, no se habría atrevido a contradecir el empirismo aristotélico-escolástico, al menos, en la idea de que nada puede haber en el entendimiento que de algún modo no hubiese sido dado antes por los sentidos. Aunque, ciertamente, el procedimiento analítico-abstractivo que la ciencia debía efectuar sobre los datos de experiencia debía separar y comprender con precisión matemática aquellos aspectos de los fenómenos sensibles que fuesen esenciales en la explicación científica. Esos aspectos esenciales serán llamados más tarde las "cualidades primarias", que serían las que podrían ser medidas y cuantificadas matemáticamente. Galileo nunca llegará a desestimar completamente la importancia de la base empírica de la ciencia: si bien recurre a menudo a experimentos idealizados para extraer hipótesis mecánicas formalizadas matemáticamente, todavía procurará acudir a la observación para contrastar las implicaciones deductivas, aunque suele también inclinarse a creer que, cuando las experiencias no concuerdan con las conclusiones de los razonamientos matemáticos, hay que someter a cierto examen crítico al observador o a los experimentos, no fuese que los desacuerdos de los hechos con la teoría se debiesen a un mal proceder o a una inadecuada interpretación de las observaciones.

Veamos un texto escrito por Feyerabend :

"Después de haber descubierto una interpretación natural particular, ¿cómo podemos examinarla y contrastarla? Es obvio que no podemos proceder de la forma usual, a saber,

derivar predicciones y compararlas con los 'resultados de la observación'. Estos resultados ya no están disponibles. La idea de que los sentidos, empleados en circunstancias normales, proporcionan informes correctos de sucesos reales, por ejemplo informes del movimiento real de los cuerpos físicos, ha sido eliminada de todos los enunciados observacionales. (Recuérdese que esta noción constituía una parte esencial del argumento anti-copernicano). Pero sin ella, nuestras reacciones sensoriales dejan de ser relevantes para la contrastación. Algunos antiguos racionalistas generalizaron esta conclusión y decidieron construir su ciencia sólo apoyándose en la razón, asignando a la observación una función auxiliar insignificante. Galileo no adoptó este procedimiento.

Si una interpretación natural causa problemas a un punto de vista atractivo y si su eliminación suprime dicho punto de vista del dominio de la observación, entonces el único procedimiento aceptable consiste en emplear otras interpretaciones y ver lo que pasa. La interpretación que emplea Galileo devuelve a los sentidos su posición de instrumentos de exploración, pero sólo en relación a la realidad del movimiento relativo. El movimiento, 'entre cosas que también lo tienen' es no-operativo', es decir, 'permanece insensible, imperceptible y sin efecto algunos. El primer paso de Galileo en el examen conjunto de la doctrina copernicana y de una interpretación natural familiar, pero oculta, consiste por tanto en sustituir esta última por una interpretación diferente. Dicho de otra forma, Galileo introduce un nuevo lenguaje observacional." (Tratado contra el método. Capítulo 6. Editorial Tecnos, 1975. Pág. 63)

Digámoslo de otra forma. Los aristotélicos podían apelar a observaciones como prueba suficiente de la fijeza de la tierra. Un ejemplo podría ser la trayectoria de caída vertical que observamos cuando desde lo alto de una torre se deja caer un objeto. Sin embargo, Galileo sostenía la hipótesis del movimiento de la tierra, cuyas implicaciones empíricas deducibles entraban en aparente contradicción con las descripciones comunes de los hechos observados. Entonces Galileo buscará algún tipo de interpretación auxiliar para reinterpretar los datos empíricos de forma coherente con la hipótesis del movimiento terráqueo. Una de esas hipótesis será la del movimiento relativo, a la que hace referencia Feyerabend en el fragmento citado. En efecto, Galileo podría decir que para cualquier observador, desde el sistema de referencia terrestre, vería una caída vertical, es decir, el objeto caería en línea recta como si la Tierra no se moviese; por tanto, no podríamos percibir el movimiento terrestre. Para ello, sería necesario buscar otro sistema de referencia fijo que permitiese decidir si la tierra se mueve con respecto a él. En este caso, veríamos que la trayectoria de la caída del grave sería parabólica. A Galileo le inspiró pensar cómo se observaría un efecto semejante (dejar caer un objeto desde lo alto del mastil) en un barco en movimiento, interpretando que las observaciones estarían en función de los sistemas de referencia que se tomasen (ora el barco mismo ora la tierra firme). Galileo, así, defendía su hipótesis heliocéntrica tratando de elaborar una interpretación auxiliar de los hechos empíricos, tratando de buscar la coherencia entre éstos y una teoría a la que consideraba más confiable que la geocéntrica.

Alusiones en la correspondencia de Descartes a la obra de Galileo:

Una de las dificultades que cualquier historiador puede encontrarse al investigar el pensamiento de Descartes es su indisposición a reconocer cualquier débito con otros autores, no sólo del pasado, sino, incluso, contemporáneos. Por eso, tratar de las relaciones entre Descartes y Galileo tampoco es cosa fácil, como se puede confirmar en este pasaje escrito por José César Guevara Bravo (El Compendium Musicae como una búsqueda para encontrar la relación entre el objeto y el sentido, en la obra colectiva: *"Descartes y la ciencia del S.XVII"* (*Carlos Álvarez y Rafael Martínez, et al. Siglo XXI))* :

> *"Quien define de una manera más precisa la mecánica de la transmisión del sonido, y el placer que éste produce en los hombres, es Galileo, él está atento a los problemas de la sencillez de las consonancias y de la relación entre la longitud de las cuerdas y la frecuencia . Cuando Galileo publicó sus resultados en 1638, Descartes atravesaba por uno de los períodos más productivos de su vida, pero asimismo su personalidad le impedía ser autocrítico, motivo por el que no reconoce algunas de sus posibles influencias del pasado.*
> *En 1638 Descartes afirmó desconocer a Galileo, haber mantenido correspondencia con él o encontrar algo de interés en su obra. Lo que ahora se sabe es que en 1634 Beeckman le presentó el Diálogo sobre los dos sistemas máximos del mundo, y el 11 de octubre de 1638 Descartes escribe a Mersenne para comentar sobre su lectura de los Discorsi..."*

Pasemos, pues, a la correspondencia de Descartes al P. Mersenne. Transcribiré pasajes tomados de Koyré, en " *La ley de la caída de los cuerpos"* (*Estudios galileanos. Siglo XXI)*

El 14 de agosto de 1634 le escribe al sacerdote:

"El señor Beeckman vino aquí el sábado por la tarde y me prestó el libro de Galileo ; pero se lo ha llevado a Dort esta mañana, de modo que no lo he tenido en mis manos más de treinta horas. No dejé de hojearlo por entero, y encuentro que filosofa bastante bien acerca del movimiento, aunque son muy pocas las cosas que dice de él que encuentro totalmente ciertas; pero por lo que pude observar, falla más en donde sigue las opiniones recibidas que en donde se aleja de ellas. Exceptuando, no obstante, lo que dice del flujo y reflujo, que lo encuentro un poco traído por los pelos. También yo en mi Monde lo había explicado por el movimiento de la tierra, pero en forma muy diferente a la suya."

"Sin embargo quiero confesar que encontré en su libro algunos de mis pensamientos, como, entre otros, dos que creo haberos escrito anteriormente. El primero es que los espacios por donde pasan los cuerpos pesados cuando descienden son los unos a los otros como los cuadrados de los tiempos que emplean en descender, es decir, que si una bala emplea tres momentos en descender desde A hasta B, no empleará más que uno en continuarlo desde B hasta C ,etc., lo que yo decía con muchas restricciones, pues, en efecto, nunca es enteramente cierto, como cree demostrar" (Koyré señala esto en relación con la "restricción" a la que se refiere Descartes: *"la solución de Galileo presupone el vacío y la atracción; ahora bien, en adelante Descartes no admite ni el uno ni la otra."*

Dejando a un lado el hecho de que Descartes crea haber encontrado en la obra de Galileo su propia solución al problema de la caída libre de los graves (aun cuando, realmente, sus soluciones fuesen bien distintas, pues, si Galileo afirmaba que la velocidad del móvil está en función del cuadrado de los tiempos, Descartes había creído hasta entonces que dependía del espacio recorrido), llama la atención la opinión del matemático francés sobre las debilidades del pensamiento galileano, a saber: Descartes ve como defecto de Galileo que todavía no haya podido apartarse de "las opiniones recibidas", es decir, que a veces se base en opiniones meramente probables y no ciertas; sin embargo, allí donde su razonamiento "se aleja de ellas" es capaz de llegar a ideas más ciertas. Aún quedan unos años para la publicación del "Discurso del método", pero podríamos decir que Descartes valora el mérito de Galileo allí donde éste teoriza matemáticamente, siguiendo el orden deductivo de las ideas que "pueden ser conocidas de un modo cierto e indudable" (véase la segunda de las "Reglas para la dirección del espíritu"). La nueva ciencia, vista desde la óptica racionalista, es un sistema de certezas demostradas por un orden rigurosamente deductivo, a partir de verdades completamente evidentes, claras y distintas. Descartes, en palabras de Koyré, ya va planteándose " *para reconstruir la física - y el mundo físico - ... proceder en adelante "según el orden de razones"*

En 1638, un año después del "Discurso del método" y aproximadamente tres años antes de las "Meditaciones", vuelve a referirse a Galileo al escribir a Mersenne:

> *"Encuentro que, en general, filosofa mucho mejor que el vulgo, por cuanto omite lo más que puede los errores de la Escuela, y trata de examinar las materias físicas mediante razones matemáticas. En esto coincido enteramente con él y sostengo que no existe otro medio para llegar a la verdad. Pero me parece que falla mucho por cuanto hace de continuo digresiones y no se detiene a explicar cabalmente una materia; lo que demuestra que no las ha examinado por orden, y que, sin haber considerado las primeras causas de la naturaleza, sólo ha buscado las razones de algunos efectos particulares y, de este modo, ha obrado sin fundamento"*

Descartes reconoce el talento de Galileo, por lo cual ha podido llegar a resolver algunos problemas ("efectos", escribe) particulares con la ayuda de las matemáticas , pero vuelve a señalar los defectos que él ve en sus investigaciones:

En primer lugar, *"que no se detenga a explicar cabalmente una materia"*, es decir, que se sirva en sus explicaciones de ideas adventicias, complejas y confusas (como los de pesantez, ligereza, gravedad, vacío), omitiendo el necesario análisis metódico que las descomponga en otras más simples, claras y distintas (las de los modos del atributo de la extensión). En este punto aún no habría llegado Galileo a separarse completamente del lastre empirista de los pensadores escolásticos y, por supuesto, tampoco del principal error del método de F. Bacon (*"Novum Organum"*): la idea de que la sólida base sobre la que debía levantarse el conocimiento científico debían ser los hechos dados por la experiencia sensible.

En segundo lugar, no haber sistematizado sus razonamientos examinando cada problema *"por orden... sin haber considerado las primeras causas de la naturaleza".* Y es que el análisis cartesiano exige a una ciencia la búsqueda de nociones muy claras y distintas construidas a priori por la razón, a partir de las cuales se puedan construir las ideas de las cosas más complejas. Es una ciencia deductiva al modo en que se construyen las matemáticas: partiendo de principios teóricos evidentes que sirvan de base para el progreso continuado de las investigaciones deductivas. Como escribe Koyré en una nota a pié de página :

> " *En efecto, Descartes reprocha a Galileo el hacer una física matemática contraria al sentido común y a la experiencia cotidiana, sin tener derecho a ello, es decir, sin apoyarla en una metafísica...En principio tiene razón Descartes. De hecho se equivoca: Galileo es un platónico".*

Por lo que podríamos decir que lo que a Descartes le parece como una falta de fundamentación metafísica en la física galileana es, sencillamente, el hecho de que Galileo no siempre sigue un orden estrictamente sistemático procediendo desde verdades básicas e indudables (metafísicas) hasta las demás derivadas. Galileo suele comenzar con el estudio de problemas concretos de experiencia para encontrar su explicación teórico-matemática y, por lo general, tratará de contrastar con ayuda de la experiencia la adecuación de la teoría a la realidad.

4. EL PRINCIPIO TEOLÓGICO DE LA POTENTIA DEI ABSOLUTA Y SU FUNCIÓN EN LOS DEBATES CIENTÍFICOS TARDOMEDIEVALES.

"Credo in unum Deum, Patrem omnipoténtem, factorem cæli et terre, visibílium omnium et invisibílium". Así comienza el símbolo niceno-constantinopolitano. La Omnipotencia es uno de los atributos divinos que encabezan esta profesión de fe cristiana y, por tanto, se trata de una verdad dogmática de fe. Será uno de los temas de mayor interés teológico y filosófico durante toda la Edad Media.

Pedro Damián (S.XI), y Pedro Lombardo (S.XII) plantearán la cuestión que ocuparía un lugar destacado entre las disputas escolásticas. Como no es mi intención centrar mi estudio en la cuestión teológica en sí misma, sino que me interesa más el uso y las consecuencias que tuvo en los debates científicos de la escolástica tardía (S.XIV), ahorraré una larga historia. Sin embargo, a mi juicio, es relevante para mis objetivos, citar un fragmento tomado de un trabajo del Prof. F. León Florido, sobre el texto de la carta de Damián a Desiderio :

> *"Estábamos, pues, a la mesa un día, los dos, como podrás recordar, cuando esta frase del bienaventurado Jerónimo fue citada en la conversación: " Voy a decir con atrevimiento que, aunque Dios lo pueda todo, no puede devolver la virginidad después de haberla perdido. Tiene ciertamente el poder de liberarla de su pena, pero no de devolverle la corona de su virginidad perdida"... Jerónimo había urgido a Eustaquio a preservar su virginidad y utiliza la imposibilidad de que Dios pudiera restaurarla como un argumento para reforzar ese propósito. En la misma convicción le había seguido san Agustín, y también con la misma intención de exhortar a la preservación de esta virtud cristiana, Agustín añade, además, un argumento filosófico destinado a hacer fortuna: en el caso de **que Dios hiciera que lo que ha pasado no hubiera pasado** eso **sería lo mismo que hacer que lo verdadero se transformara en falso**, es decir, utilizar ese poder ocasionaría una contradicción" (Cita tomada de "La cuestión in reparatione corruptae y el problema de la omnipotencia divina de Pedro Damián a Guillermo de Rimini", de Francisco León Florido, en Cauriensia, Vol. VII)*

Como el profesor León Florido señala, no se puede demostrar si el escrito de Damián ejerció una influencia directa sobre los escolásticos de los siglos XIII y XIV. Sin embargo, dos aspectos al menos de su obra se transmitieron a través de las *Sentencias* de Pedro Lombardo, que fueron un referente común para los autores medievales. Cito a León Florido:

> " *Los más de mil cuatrocientos comentarios a las Sentencias de Pedro Lombardo son un compendio del pensamiento escolástico, y en ellos destacan tanto su gran continuidad temática y estructural como la variedad de las respuestas que la teología filosófica medieval ofreció a las quaestiones que en la obra se plantean. En los comentarios, no sólo los problemas se suceden siguiendo el orden de las cuestiones de Lombardo, sino que, a menudo, los ejemplos que se utilizan para ilustrar las reflexiones de los comentaristas son modelos estereotipados. En relación con el problema de la omnipotencia divina, que irá ocupando un lugar cada vez más prominente, uno de los ejemplos utilizados por los comentaristas para exponer el conjunto de problemas asociados a la posibilidad de que Dios intervenga en el pasado en uso de su poder absoluto, haciendo incluso que lo que ha sucedido no haya sucedido (quae facta sunt facta non fuerint), es el de la reparación de la virginidad una vez perdida (in reparatione corruptae, utrum Deus potest reparare virginem post ruinam). El propósito de este breve ensayo es indagar sobre el sentido de las diferentes respuestas a este problema en el contexto de la evolución de la reflexión medieval sobre el poder de Dios"*

Por tanto, podríamos decir, basándonos en las evidencias aportadas por los estudios históricos, que uno de los casos más recurrentes en la reflexión escolástica sobre el atributo divino de la Omnipotencia era el problema de si "Dios puede hacer que no hubiese sucedido lo que ya ha sucedido en el tiempo". Y yo añadiría algo más, algo que he marcado en negrita en la cita tomada del estudio del Prof. León Florido: creo que difícilmente puede perderse de vista en la mente medieval la referencia a la autoridad de S. Agustín, quien equiparaba tal problema con el de si Dios podía " ***hacer que lo verdadero se transformara en falso***".

Como muestra de esto aporto una cita de Sto. Tomás, de su obra "*De la eternidad del mundo contra los que murmuran*":

"En la primer parte todos están de acuerdo, es decir, que Dios puede hacer algo que exista siempre, considerando su poder infinito. Queda por tanto averiguar si es posible que sea hecho algo que exista siempre.

Si se dice que algo así no puede ser hecho, no puede entenderse sino de dos modos, o tener dos causas de su verdad, es decir, por falta de potencia pasiva, o porque repugna a la razón.

En el primer sentido se puede decir que, antes de que el ángel fuese hecho, no podía ser hecho, porque no fue precedido por alguna potencia pasiva, ya que no fue hecho de materia previa, sin embargo, Dios podía hacer al ángel, y podía hacer que el ángel fuese hecho, porque lo hizo, y fue hecho.

Así entendido, por tanto, hay que conceder simplemente, según la fe, que no puede ser siempre lo que es causado por Dios: porque afirmar esto sería afirmar que la potencia pasiva siempre ha existido, lo que es herético. Pero de esto no se sigue que Dios no pueda hacer que algún ente sea hecho desde siempre.

En el segundo sentido, se dice que algo no puede hacerse por repugnar a la razón, como no puede hacerse que la afirmación y la negación sean verdaderas al mismo tiempo, si bien Dios puede hacerlo, como algunos dicen. Pero otros dicen que ni Dios puede hacer estas cosas, porque no son nada.

Sin embargo, es manifiesto que no puede hacer que estas cosas sean hechas, porque la afirmación que tal cosa afirma, se destruye a sí misma.

Pero si se afirma que Dios puede hacer que estas cosas sean hechas, la afirmación no es herética, aunque sea, como creo, falsa, del mismo modo en que el que el pasado no haya sido incluye en sí mismo una contradicción.

Por lo que dice Agustín en el libro "Contra Fausto": "Alguno dice así: "Si Dios es omnipotente, que haga que lo que fue no haya sido". Éste no ve que está diciendo: "Si es

omnipotente, que haga que lo que es verdadero, por lo mismo que es verdadero, sea falso"".

Y sin embargo, algunos grandes dijeron piadosamente que Dios puede hacer que el pasado no haya sucedido, y no fue reputado herético.

Es necesario investigar entonces si en la afirmación conjunta de estas dos tesis hay repugnancia para la razón: que algo sea causado por Dios, y sin embargo, sea siempre. Y cualquiera sea la verdad de esto, no será herético decirlo, porque Dios puede hacer que algo causado por Dios sea siempre."

(Texto traducido por Néstor Martínez, a partir del original latino contenido en "Opuscula Omnia", editados por Lethielleux, 1927)

Creo que el valor de este texto de Sto. Tomás es indiscutible, aunque el asunto sobre el que trata sea el poder de Dios para crear un mundo que haya existido siempre. En efecto, me sirve para señalar dos puntos de la máxima importancia:

En primer lugar, que bajo la *Auctoritas* de S. Agustín, se transmitió a lo largo de la Edad Media un estereotipo para el debate sobre la Omnipotencia Divina, a saber: la triple asociación entre el poder infinito de crear de Dios, el poder de hacer que lo que sucedió realmente no hubiese sucedido nunca y (esto me interesa muchísimo para rastrear las **posibles** influencias sobre la duda metodológica cartesiana) el poder de Dios de hacer falso lo que es verdadero.

En segundo lugar, una referencia posible a Pedro Damián, pues dice el Doctor Angélico:

*" Y sin embargo, algunos grandes dijeron **piadosamente** que **Dios puede hacer que el pasado no haya sucedido**, y no fue reputado herético"*

Y es que Pedro Damián fue hombre piadoso al que tradicionalmente se le atribuye tal posición, como podríamos comprobar en autores como Étienne Gilson (*La filosofía en la Edad Media. La filosofía del S. XI:*

Dialécticos y filósofos: Pedro Damián. Gredos) o F.Copleston (*Historia de la Filosofía II.* Ariel). Este último señala una de las implicaciones que se siguen de la posición que tomará Damián: El poder de Dios es infinito y no puede ser limitado (disminuido) por nada, ni por su voluntad ni por su naturaleza; por tanto, Dios, por su poder absoluto, puede siempre más que lo que Él quiere. Como explica Mª Liliana Lukac de Stier :

> " *Damián defiende la omnipotencia trascendente de Dios aún cuando nunca ejerciera de hecho tal poder. De este modo se expresa contra aquellos que pretenden aplicar a los misterios de la divinidad los principios que rigen la lógica de la naturaleza, pretendiendo hacer del hombre la medida de las cosas divinas . Siguiendo a Damián, los teólogos posteriores tendieron a poner de relieve que, en un sentido absoluto, el orden natural está sometido a la voluntad divina"* (Lukac de Stier, María I. "Potentia Dei : de Tomás de Aquino a Hobbes" [en línea]. Semana Tomista. Potencia y poder en Tomás de Aquino, XXXVII, 10-14 septiembre 2012. Sociedad Tomista Argentina; Universidad Católica Argentina. Facultad de Filosofía y Letras, Buenos Aires.
> http://bibliotecadigital.uca.edu.ar/repositorio/ponencias/potentia-dei-tomas-aquino-hobbes.pdf)

En relación con la cuestión de la trascendencia de la libertad y la omnipotencia divinas, los escolásticos debatirán sus implicaciones más filosóficas, como por ejemplo:

- Si Dios, además de poder cambiar el orden de las leyes naturales que Él ha creado, puede hacer lo incompatible con el principio de contradicción; es decir, si Dios puede hacer que sea verdad algo absurdo o contradictorio.

- Si Dios quiere lo que es bueno y justo, y siempre es bueno lo que Dios hace, ¿ Dios se ve limitado en su poder de elegir por lo que sea bueno o, por el contrario, lo bueno es bueno simplemente porque Dios así lo quiere? Y, en el segundo caso, ¿ Dios podría invertir el orden moral, convirtiendo en malo algo que quiso hacer bueno?.

La doctrina tomista sobre la omnipotencia divina

Cuestiones como estas dieron lugar a distintas posturas, obviamente. Ahora bien, siempre que se trataba de precisar si Dios podía o no hacer un determinado efecto, los escolásticos solían distinguir entre potencia absoluta y potencia ordenada de Dios. En la tradición católica fue la posición tomista, por su equilibrio, la más influyente. La posición del Aquinate era que la potencia absoluta de Dios puede hacer todo lo que puede tener razón de ser, es decir, todo lo que sea intrínsecamente posible. Pero, ¿qué es lo intrínsecamente posible?. Todo lo no incompatible con el principio de no contradicción, que vale también para Dios pues de su infinita Sabiduría proviene. La potencia ordenada de Dios es el poder divino ordenado por su perfecto querer (que manda) y su perfecto entender (que dirige). Dios puede con potencia absoluta perdonar la pena del pecador no arrepentido, pero no lo puede hacer con potencia ordenada, porque es contrario a la justicia divina. Del mismo modo, Dios puede por su potencia absoluta cambiar el orden natural, pero no lo puede hacer con potencia ordenada por ser opuesto a su gobierno providente. En la tradición heredera del tomismo , el principio de no contradicción es el límite máximo de la omnipotencia divina, siendo algo completamente coherente con la infinitud del poder de Dios. Véase este texto de Sto. Tomás:

" Illud idem quod inducitur in animam discipuli a docente, doctoris scientia continet: **nisi doceat ficte, quod de Deo nefas est dicere.** *Principiorum autem naturaliter notorum cognitio nobis divinitus est indita: cum ipse Deus sit nostrae auctor naturae. Haec ergo principia etiam divina sapientia continet. Quicquid igitur principiis huiusmodi contrarium est, divinae sapientiae contrariatur. Non igitur a Deo esse potest. Ea igitur quae ex revelatione divina per fidem tenentur, non possunt naturali cognitione esse contraria" (Thomae Aquinatis Summae contra gentiles libri quattuor. Tomus primus librum continens primum. Karl Albert et Paulus Engelhardt , coperavit Leo Dümpelmann. Wissenschaftliche Buchgesellschaft)*

Traducción:

" Lo que es inducido en el alma del estudiante por el maestro está contenido en el saber del maestro: ***salvo que su enseñanza sea ficticia, lo cual es inadecuado decirlo de***

Dios. Ahora, el conocimiento de los principios que conocemos en forma natural ha sido implantado en nosotros por Dios, porque Dios es el Autor de nuestra naturaleza. Luego estos principios están contenidos también en la Sabiduría divina. Por lo que se sigue que cualquier cosa que se oponga a ellos se opone a la Sabiduría divina, y, por tanto, no puede venir de Dios. Lo que sostenemos por fe como divinamente revelado, por tanto, no puede ser contrario a nuestro conocimiento natural".

Una vez que el tomismo considera que el principio de contradicción, por hallarse contenido en la Sabiduría (idéntica sin residuo con el esse) de Dios, fija un límite máximo de su omnipotencia que no es contradictorio con su infinitud, pues, como diría el Prof. Ángel González Álvarez, " la omnipotencia de Dios se dice respecto de lo absolutamente posible, es decir, respecto de todo lo que no encierra contradicción" (*Tratado de metafísica. Teología natural. Capítulo IV. Artículo III.B 2.2)*

Desde este planteamiento, no sólo se va a justificar que es imposible que exista incoherencia entre las verdades reveladas (por ejemplo, la existencia de un único Dios omnipotente) y las verdades alcanzadas por el conocimiento natural (por ejemplo, las matemáticas o físicas), sino que se solucionarían algunas de las aporías que hemos visto aparecer en relación con el poder divino. Por ejemplo, cuestionar la veracidad divina. En efecto, que Dios no pueda hacer que lo verdadero sea falso, o que no haya existido lo que Él creó, "no arguye falta de poder divino, sino imposibilidad absoluta o relativa de la cosa misma. No debe decirse, pues, que Dios no puede hacerla, sino que la cosa no puede ser hecha" (cfr. González álvarez. Teología natural. IV, III, B 2.3)

El voluntarismo teológico y el contingentismo radical tras la condena de 1277

Pero, asociada con Guillermo de Ockham, aparece otra posición teológica más extrema y muy influyente a partir del S. XIV en adelante : el **voluntarismo teológico**.

En el siglo XIV se producirá la crisis de los grandes sistemas escolásticos. En la universidad de París triunfará una nueva corriente crítica, conocida como la "vía moderna" de los terministas o nominalistas, y que reaccionará críticamente contra los "antiguos reales", es decir, los seguidores de las grandes síntesis teológico-filosóficas tomista y escotista. Esta corriente operará una revolución crítica que llevará a rechazar el esencialismo (las creencias en cualquier forma de realidad de las esencias universales) y necesitarismo (la existencia de leyes universales y necesarias que determinen el orden de la creación), característicos del platonismo y del aristotelismo. Este rechazo se suele ver como una consecuencia de dos aspectos diversos: en primer lugar, la completa separación de la razón (la filosofía) frente a la fe (la teología); pero, en segundo lugar, aunque no menos importante, debido a un extremo fideísmo y contingentismo teológicos. En efecto, los nominalistas tenderán a condenar todo lo que les parezca incompatible con la absoluta libertad y omnipotencia divinas. Se trataba de **que Dios no quedase encerrado por las limitaciones de su potencia ordenada. Se trata también de que ningún sistema filosófico limitase la omnímoda libertad divina.**

Es también sabido que este contingentismo radical llevó a posiciones filosóficas voluntaristas. Todo ello fue posible por la condena de las tesis aristotélicas incompatibles con la fe cristiana, promulgada por el obispo de París en 1277. Veamos, pues, cómo surge el voluntarismo a raíz de la afirmación de la absoluta e infinita omnipotencia divina.

En efecto, bajo la figura e influencia crítica de Ockham, en la Escolástica tardía (S.XIV) se populariza el voluntarismo teológico que se manifiesta en distintos niveles, como el moral, que llevó a Ockham a afirmar que Dios no quiere algo porque sea bueno sino que lo hace bueno porque Él lo quiere. Ahora, bien, la versión de mayor interés para mi indagación sería la planteada en el plano epistemológico. Sergio Rábade lo explica muy bien en el capítulo II de " *Descartes y la gnoseología moderna":*

" Al Deus deceptor de Descartes se le han querido encontrar precedentes que se remontan a Cicerón. Sin buscarlos tan remotos, sí hay un claro precedente en la gnoseología intuicionista de Guillermo de Ockham, cuando éste defiende que Dios puede hacer que yo tenga la intuición de una realidad no existente. A este propósito hemos ya escrito: " El Dios omnipotente de Ockham se puede convertir, haciendo uso... de su poder, en un Deus deceptor, prenuncio del genius malignus de Descartes. Son soluciones del tipo de Deus ex machina, a las que están abocadas las metafísicas, como sucede con las de Ockham y Descartes, que tienen su último respaldo en la

voluntad absolutamente descontrolada de Dios" "

Creo que esta cita del Prof. Rábade viene a reforzar la línea de investigación que estoy siguiendo, puesto que no sólo pone de manifiesto la estrecha relación entre la figura del **Deus deceptor** cartesiano y el voluntarismo teológico ockhamista, sino porque, en segundo lugar, vincula el ejemplo utilizado por Ockham (*Dios puede hacer que yo tenga intuición (actual) de una realidad no existente (no creada))* con alguno de los ejemplos de uso común en las discusiones medievales desde Pedro Damián (aunque no con *"que Dios puede hacer que no haya existido lo que existió en el pasado"* , sí lo parece con *" que Dios puede hacer que lo verdadero se convierta en falso")*. En efecto, como Rábade dice: *"El Dios omnipotente de Ockham se puede convertir, haciendo uso de su poder (absoluto) en un Deus deceptor, prenuncio del genius malignus de Descartes".* Y ello es así porque si Dios puede hacer que yo realmente vea lo que no existe es porque puede también hacer que yo confunda lo verdadero con lo falso.

En tercer lugar, la cita de Rábade nos va a facilitar el objeto de esta investigación: tratar de mostrar que muy probablemente la presencia del teologismo en el pensamiento cartesiano (hipótesis hiperbólico-metodológica, recurso a la Perfección Divina como fundamento de certeza en las investigaciones deductivas sobre el mundo natural) es un recurso para superar las limitaciones impuestas por el contingentismo radical implicado por el voluntarismo teológico tardomedieval.

Este voluntarismo teológico implicaba la negación de todo orden estrictamente necesario en el mundo natural, puesto que Dios, haciendo uso de su poder absoluto, podría cambiar en cualquier momento el orden o las leyes (naturales o morales) de su propia creación. El poder de Dios sería tan infinito que podría sin problema alguno disponer infinidad de modos posibles de producir causalmente idénticos fenómenos observables en la naturaleza.

Este voluntarismo teológico se desarrolló al amparo de la condena del naturalismo y necesitarismo aristotélicos , decretada en 1277 por el obispo de París, Esteban Tempier. La trascendencia de esta censura la señala Mariano Artigas en su libro " *Filosofía de la ciencia"* (Capítulo II, *3.1):*

"Se suele admitir que el nominalismo medieval favoreció

*también el nacimiento de la ciencia moderna, ya que insistía en la contingencia del mundo y, por tanto, en la necesidad de la observación y de la experimentación para conocerlo. Pierre Duhem llegó a proponer el 7 de marzo de 1277 como fecha fundacional de la ciencia moderna. Es la fecha del decreto en el que el obispo de París, Esteban Tempier, censuró 219 proposiciones relacionadas con el aristotelismo averroísta, entre ellas algunas que afirmaban que todo lo que sucede en el mundo sucede de modo necesario, y que **Dios no pudo crear un mundo diferente del que existe**. La insistencia en la libertad de Dios al crear y, por tanto, en **la contingencia del mundo, subrayaba que no podemos deducir por meros razonamientos, prescindiendo de la observación empírica, cómo es el mundo**, y, por ende, estimuló el estudio empírico del mundo"*

Detengámonos un momento en este texto para comentar las dos ideas que he marcado en negrita.

En primer lugar, la tesis que expone Artigas como ejemplo de las que fueron objeto de condena, pone de manifiesto las motivaciones del mismo: los teólogos que asesoraron al obispo pensaban que era contraria a la doctrina cristiana limitar el infinito poder de Dios, tal como de hecho lo hacían los averroístas latinos.

En segundo lugar, el contingentismo implicado por la afirmación de la absoluta omnipotencia divina llevaba a supeditar toda investigación científica sobre el mundo natural a los hechos dados por la experiencia, de modo que el objeto propio del estudio de la naturaleza sería la formulación de proposiciones hipotéticas útiles para proporcionar explicaciones o predicciones probables de los fenómenos. Y esto supuso un notable impulso para el desarrollo de la ciencia durante el S.XIV

La importancia del principio teológico de la omnipotencia divina en los debates científicos prerrenacentistas

Hoy en día se acepta sin dificultad que los estudios científicos realizados a lo largo del S.XIV (por personajes como Buridán, Nicolás de Oresme, Nicolás de Autrecourt, Thomas Bradwardine y otros *calculatores* del Merton College) prepararon el camino para la revolución científica del

S.XVI. Se sabe que en estas investigaciones está la base de las que posteriormente llevó a cabo Galileo Galilei.

¿ Qué importancia tuvieron para este momento de despegue científico las discusiones teológico-filosóficas sobre la omnipotencia divina?. Creo que hay que hacer una valoración doble, pues tanto como un impulso positivo, conllevó una limitación teórica. Veamos.

- **El efecto positivo:** este aspecto lo recoge muy bien A.C. Crombie (*Historia de la ciencia: De San Agustín a Galileo/2 A.C. Crombie. Alianza Editorial.*). Dice este historiador:

  "Los ataques más radicales realizados (durante el S.XIV) contra todo el sistema de la Física se dirigían a sus doctrinas sobre la materia y el espacio y sobre el movimiento. Aristóteles negó la posibilidad de los átomos, del vacio, del mundo infinito y de la pluralidad de mundos, pero cuando su determinismo estricto fue condendado por los teólogos en 1277 ello abrió el camino a la especulación sobre estos temas. Con la afirmación de la omnipotencia de Dios los filósofos argüían que Dios podía crear un cuerpo que se moviera en el espacio vacío o crear un universo infinto, y procedieron a investigar cuáles serían las consecuencias si Él los creara. Esto parece un extraño camino para aboradr la ciencia, pero no hay duda de que es hacia la ciencia a donde se dirigían. Discutieron la posibilidad de la pluralidad de mundos, de dos infinitos, y del centro de gravedad; y también discutieron la aceleración de cuerpos que caían libremente, el vuelo de proyectiles, y la posibilidad de que la Tierra tuviera movimiento. Las críticas de Aristóteles no sólo eliminaron muchas de las restricciones metafísicas y "físicas" que su sistema impuso al uso de las Matemáticas, sino que también muchos de los nuevos conceptos conseguidos fueron o incorporados directamente a la mecánica del siglo XVII o constituyeron los gérmenes de teorías que iban a ser expresadas con el nuevo lenguaje creado por las técnicas matemáticas y experimentales"

  Y más adelante afirma: *"El problema de la pluralidad de mundos estaba asociado con el de la magnitud infinita.*

En 1277 el obispo de París, Etienne Tempier, condenó la proposición de que era imposible para Dios crear más de un universo. Habitualmente el problema era tratado en conexión con el de la gravedad y el del lugar natural de los elementos. "

Como vemos, el contingentismo radical ligado con una hiperbólica interpretación del atributo de la omnipotencia divina sirvió como fuerte estímulo para plantear hipótesis científicas o investigaciones empíricas (algunas de ellas, sólo volverán a aparecer en el debate cosmológico ya muy avanzado el siglo XX). Podemos, pues, admirar la gran capacidad, libertad e inventiva científicas que demostraron algunos filósofos del S.XIV , bajo el benéfico influjo del principio del infinito (sin límite posible) poder creativo de Dios.

- **El efecto más negativo:** la tendencia a limitar el valor de las explicaciones científicas como hipótesis útiles para "salvar las apariencias". En una teoría científica no debía buscarse más que su coherencia con los resultados de las observaciones. Puesto que Dios podía disponer diversos medios causales para realizar un mismo efecto, cualquier teoría formulada para dar razón de los fenómenos debía inevitablemente considerarse como una hipótesis que no podía llegar a tener valor demostrativo y cierto, puesto que los mismos hechos empíricos podían ser explicados mediante hipótesis diferentes. Esta fue la visión limitativa que se impuso a la astronomía y que marcó el conflicto de interpretaciones del modelo copernicano a lo largo de los siglos XVI y XVII. Y dentro de este conflicto se presenta Galileo como uno de los máximos defensores de la interpretación realista del modelo...

5. LAS OBJECIONES AL REALISMO COPERNICANO BASADAS EN LA "ANGÉLICA DOCTRINA" DEL PAPA URBANO VIII.

Como no es mi propósito convertir mi trabajo en una investigación sobre la revolución científica en el Renacimiento, tema, por cierto, sobre el que abundan los estudios históricos más exhaustivos, no me veo en la necesidad de tener que entrar en más detalles que los que estimo que pueden ser relevantes para situar los artificios teológicos cartesianos en el contexto de las restricciones teológicas impuestas a las investigaciones científicas ya desde tiempos prerrenacentistas. Mi tesis es que la duda hiperbólico-metodológica adquiere todo su sentido si se la considera una estrategia para liquidar y superar los límites que la objeción teológica, basada en la omnipotencia divina, imponía a la autonomía del nuevo pensamiento científico y a la validez de sus descubrimientos. Ciertamente, no se podrá nunca saber si la hipótesis del genio maligno o del Deus deceptor fue inspirada en la mente de Descartes por alguna noticia, directa o indirecta, sobre la gran importancia que tuvo esta polémica en el enfrentamiento de la Iglesia con Galileo.

Creo que es posible hablar de una relación entre la idea del Deus deceptor y la de una potencia divina no sujeta a ninguna ley ni orden reales o posibles (como aparece en la objeción teológica contra el realismo astronómico). Y me baso en lo siguiente: que habiendo leído Descartes el "Diálogo sobre los dos máximos sistemas" y estando enterado del segundo proceso inquisitorial contra Galileo (pues sabemos que por ello no publicó su *"Monde"* y que hay correspondencia privada donde se especula con la posibilidad de una conspiración de jesuitas contra Galileo), sería altamente improbable que no se diese cuenta de que, con la referida objeción teológica, se coartaba el progreso de la ciencia; pues mientras ésta siguiese obligada a tener que exponer sus ideas como puras "suppositiones" u opiniones útiles (pero **disputables)**, nunca podría liberarse del peso de las "Auctoritates" y, por tanto, sería imposible cualquier proyecto de "ciencia estricta". Era preciso, pues, romper con la tradición y desarrollar el proyecto de una ciencia basada estrictamente en la razón, a fin de hacer resplandecer las ideas científicas, no como una serie de opiniones probables o inciertas, sino como verdades con todos los derechos, evidentes e inobjetables (incluso para los teólogos). Por lo que pudo proyectar, quizás incluso antes de publicar el *"Discours de la méthode"*, la posibilidad de utilizar la idea de la absoluta omnipotencia divina para contraatacar y "dinamitar" el pilar sobre el que se sustentaban los reparos expuestos con la "angélica doctrina" del Papa Urbano VIII y los teólogos de la Inquisición, a fin de dejar expedito el camino de la nueva física...Si mantuvo en silencio sus intenciones más secretas, se podrá comprender el porqué leyendo, por ejemplo, la correspondencia con el P. Mersenne y la cautelosa prudencia con la que trató de evitar todo enfrentamiento con la autoridad eclesiástica. Puede verse el final de esta quinta parte, donde presento un fragmento de una de las cartas de Descartes...

Por otra parte, Descartes debía estar familiarizado con este tipo de disputa teológica desde sus estudios en La Flèche, pues conocía bien las *"Disputaciones metafísicas"* del granadino Francisco Suárez, en cuya disputación XXX se abordan los problemas relacionados con este atributo operativo de la esencia divina. Para profundizar en este aspecto se puede leer el trabajo de la Sra. María Socorro Fernández García, "*La omnipotencia del Absoluto en Suárez: La necesidad de una perfección infinita"*, en *"Revista Española de Filosofía Medieval 18 (2011) , pp.179-192)*

Incluso, me atrevo a lanzar una arriesgada hipótesis de trabajo, la cual no sé si podré confirmar en próximas investigaciones. Ante todo, quiero dejar claro que nada de lo que aquí trato tiene que estar sujeto a esta conjetura, pues todavía no he llegado a contrastarla bien. Personalmente, tiendo a pensar que la duda metódica hace un uso de las "auctoritates" en un sentido completamente opuesto al recurso tradicional. Se trataba no de recurrir a las opiniones tradicionales para refrendar una tesis sino, por el contrario, buscar en ellas motivos para cuestionar y refutar las pretensiones de validez de todos los conocimientos adquiridos por la mente humana. Así, los motivos que expone sobre la falibilidad de los sentidos y los razonamientos son típicos del escepticismo clásico, la hipótesis del sueño era un motivo popular de la época barroca y, en definitiva, el Deus deceptor podría haber sido un trasunto de de discusiones teológicas que, como estamos viendo, tuvieron un largo recorrido histórico.

El conflicto de interpretaciones del copernicanismo: Realismo e instrumentalismo

"De revolutionibus orbium coelestium" salió de la imprenta en 1543, el mismo año de la muerte de Copérnico. La obra donde se proponía el

heliocentrismo como un modelo matemáticamente preferible al ptolemaico, fue acogida inicialmente sin grandes controversias (exceptuando algunas manifestaciones hostiles por parte de los reformadores y algunos escolásticos) . A esto contribuyó el autor del prólogo, Osiander, quien advertía allí del carácter técnico de la cosmología copernicana, diciendo que nadie debía esperar encontrarse con nada cierto en el *"De revolutionibus"*.

El paradigma fue ganando adeptos y, entre ellos, algunos defensores de su valor como descripción verdadera del mundo. A partir de la publicación de su " *Siderus nuntius"* (1610) y de posteriores descubrimientos telescópicos como las manchas solares y las fases de venus, Galileo destacará como el máximo representante de esta corriente realista dentro del paradigma copernicano.

Desde la publicación del *"Siderus"* Galileo despertará la atención de la Inquisición. Pero los problemas sobrevendrán a partir del momento en que se difunda la carta que escribió en 1615 a la Señora Cristina de Lorena, en la que Galileo se atrevió a abordar las relaciones entre la ciencia y la religión. El problema no era que errara en el planteamiento, pues se mantuvo dentro de las enseñanzas de los Santos Padres y exponiendo una doctrina que, en otras circunstancias, habría sido bien recibida. Pero el problema era la circunstancia en la que Galileo, un laico, se atrevía a tratar un tema que era competencia eclesiástica: en el tiempo de la Contrarreforma no era muy ortodoxo ni bien visto que un laico se inmiscuyera en cuestiones de Magisterio.

Pues bien, las opiniones de Galileo provocarán una fuerte reacción por parte del Cardenal Belarmino, quien escribirá una severa advertencia a Foscarini, un partidario del copernicanismo . Belarmino le dirigió un serio aviso que también valía para Galileo :

"Dico che mi pare che V. P. et il Sig.r Galileo facciano prudentemente a contentarsi di parlare ex suppositione e non assolutamente, come io ho sempre creduto che habbia parlato il Copernico. Perché il dire che, supposto che la terra si muova et il sole stia fermo si salvano tutte l'apparenze meglio che con porre gli eccentrici et epicicli, è benissimo detto, e non ha pericolo nessuno; e questo basta al matematico: ma volere affermare che realmente il sole stia nel centro del mondo, e solo si rivolti in se stesso senza correre dall'oriente

all'occidente, e che la terra stia nel 3° cielo e giri con somma velocità intorno al sole, è cosa molto pericolosa non solo d'irritare tutti i filosofi e theologi scolastici, ma anco di nuocere alla Santa Fede con rendere false le Scritture Sante "(Roberto card. Bellarmino (1542-1621), Lettera al rev.do P. Paolo A. Foscarini, 12 aprile 1615)

Traducción:

"Digo que me parece que Vuestra Paternidad y el Señor Galileo actuarán prudentemente si se contentan con hablar ex suppositione y no absolutamente, como siempre he creído que Copérnico había hablado. Porque decir que, en el supuesto de que la tierra se mueva y el sol esté quieto se salvan todas las apariencias mejor que con los excéntricos y epiciclos, está muy bien dicho, y no tiene ningún peligro; y esto es suficiente para el matemático, pero decir que en realidad el sol está en el centro del mundo...y que la tierra se encuentra en el tercer cielo y gira a gran velocidad alrededor del sol, es una cosa muy peligrosa, no sólo por irritar a todos los filósofos escolásticos y los teólogos, sino también por dañar la santa fe al hacer falsas las Sagradas Escrituras"

En esta respuesta del cardenal a Foscarini se muestra el interés por que la astronomía continuase siendo algo puramente instrumental, libre de todo compromiso ontológico.

Obviamente en la advertencia de Belarmino no se formulan las razones sobre el peligro de la tesis realista, pero podemos estar seguros que una razón de peso podría ser el famoso reparo teológico que estamos siguiendo: puesto que Dios es todopoderoso su poder no está limitado por ningún efecto de la naturaleza, de modo que no es bastante la coherencia con las pruebas experimentales para considerar que una teoría científica es verdadera.

Galileo trató de defender sus convicciones realistas, no sólo tratando de hacer ver que la nueva doctrina astronómica no era incompatible con las Sagradas Escrituras, sino que era la única que armonizaba bien con todas las pruebas observacionales disponibles. Y Galileo pudo aducir un buen abanico de hechos observables telescópicamente en contra de la antigua cosmología y, por tanto, a favor del nuevo paradigma. El problema de Galileo era la forma lógica que revestía su argumentación, pues incurría en la falacia de la afirmación del consecuente.

Esta falacia tiene la siguiente forma: *"Si A es verdad, entonces también B es verdad. Es el caso de que B es verdad. Por tanto, A tiene que ser verdad".* Por ejemplo, Galileo pudo haber argumentado de este modo a partir de uno de sus descubrimientos:

> *"Si el modelo heliocéntrico es cierto, entonces venus debe tener fases. Es un hecho comprobado que venus tiene realmente fases. Por tanto, el modelo heliocéntrico es cierto".*

Los miembros del tribunal que juzgó a Galileo se percataron del fallo lógico con que Galileo trataba de defender sus creencias científicas y, en este sentido, tenían una razón impecable para objetar el realismo galileano, pues sabido es que no se disponía aún de suficientes elementos de juicio para llegar a conclusiones incontrovertibles y ciertas. Digo "impecable", pero debo matizarlo, pues aunque correctamente objetaban que la conclusiones de Galileo no se seguían necesariamente de las premisas de la argumentación, sin embargo, ellos lo justificaban no tanto lógicamente como telógicamente: de nuevo, por el recurso a la infinita omnipotencia divina. De este modo, ante los teólogos, poco podía valerle a Galileo su seguridad de que sus pruebas echaban por tierra el otro paradigma rival, y si éste quedaba refutado como falso, entonces lo más sensato era concluir que el heliocentrismo era el modelo que estaba conforme con los hechos. Ahora, bien, tampoco se trataba de elegir entre las dos alternativas de un dilema. De hecho, existían otras propuestas teóricas: por ejemplo, la de Tycho Brahe.

Algunos autores afirman que Galileo era muy consciente de la existencia de alternativas teóricas a la suya, pero consideraba como una buena razón a favor de la verdad del modelo copernicano su simplicidad matemática y que ésto era suficiente para considerarlo como cierto. Justamente en este punto las autoridades eclesiásticas podían esgrimir la objeción de que es completamente injustificable limitar a Dios por razones de orden subjetivo, como podría ser la utilidad, la belleza o la simplicidad de un constructo matemático.

Como es sabido Galileo tuvo que comparecer dos veces ante el tribunal eclesiástico. En 1616 se le instó a hablar sólo "ex suppositione" sobre el modelo copernicano. La sentencia del segundo juicio, en 1633, sería más dolorosa, pues obligaría a Galileo a retractarse y a vivir retirado en su propia finca durante el resto de sus días.

Galileo, Urbano VIII y su "angélica doctrina"

En el segundo mes de 1632 Galileo publicó el "*Diálogo sobre los dos máximos sistemas*". Galileo había buscado el permiso del Papa Urbano VIII, de quien era viejo amigo. En esta obra tratará de mostrar la falsedad del geocentrismo, llegando a ridiculizar a los seguidores de la cosmología aristotélico-ptolemaica y a defender las verdades del copernicanismo desobedeciendo las órdenes de que se limitara a exponer "ex suppositione" el modelo heliocéntrico.

Es sabido que Urbano VIII montó en cólera tras la publicación del diálogo. No sólo por la desobediencia de Galileo, sino también por ciertas insidiosas acusaciones contra Galileo que hicieron pensar al Papa que Galileo le había ridiculizado a través de "Simplicio", uno de los personajes de la obra. Pero, sin olvidar estos aspectos, hay otra razón que es del máximo interés para el presente trabajo: la objeción teológica con la que Urbano VIII quería limitar el valor de la hipótesis heliocéntrica. El infinito poder de Dios puede hacer que todo suceda como si la Tierra estuviese en movimiento aun cuando realmente esté inmóvil. El Prof. McMullin dice sobre este tema:

> *La elección del amigo y admirador de Galileo, el cardenal Maffeo Barberini, como Papa Urbano VIII en 1623, animó a Galileo a acudir a él en demanda de autorización, para proseguir con el asunto de Copérnico, cosa que le fue concedida con la condición de que debería ser "hipotética", con la cual el Papa evidentemente se refería a no pretender ser demostrada. Un argumento teológico con un largo pedigrí le había convencido (como dijo a Galileo) de que pretender demostrar la causa oculta (por ejemplo, el movimiento de la tierra) de un fenómeno observado (por ejemplo, las mareas) sería implícitamente como negar que el Creador podría causar estos efectos de una forma diferente. Pero Galileo parece que tomó lo de "hipotético" más o menos en el sentido moderno, permitiendo la presentación de la mejor argumentación posible.*
> *(El caso Galileo, por Ernan McMullin, en Faraday Paper 15)*

Más arriba ya hemos planteado esta pregunta: ¿ Había otra forma de explicar los fenómenos astronómicos aparte de los paradigmas ptolemaico y copernicano? ¿ Había otra forma de explicar las mareas sin la hipótesis del movimiento terreste?. Sí, existían otras propuestas.

En primer lugar, estaba el modelo de Tycho Brahe, quien dejaba a la Tierra en el centro del universo y al sol girando a su alrededor, mientras los restantes planetas orbitarían alrededor del sol. A esta hipótesis se apegarán muchos que reconocían los aciertos predictivos de la cosmología copernicana sin querer desobedecer a la Iglesia.

En segundo lugar, Kepler había llegado a explicar las mareas por el influjo de la luna. Galileo se equivocó al desestimar la hipótesis kepleriana.

Pero nuestro interés es seguir la pista a la reaparición del principio de la omnipotencia infinita de Dios, pero ahora en el enfrentamiento entre Galileo y la Iglesia. En este contexto particular se convertirá en uno de los argumentos clave para reducir la astronomía a un mero artificio técnico-matemático.

Ahora bien, en la forma de exponer el Papa su reparo teológico preferido podemos reencontrarnos con aquel Dios omnipotente medieval que, en palabras de S. Rábade, " se puede convertir, haciendo uso... de su poder, en un Deus deceptor, prenuncio del genius malignus de Descartes". No ya tanto porque, por su poder infinito, puede hacer que lo que sea verdadero se confunda con lo falso, sino más bien porque representa un límite y obstáculo insuperable para poder investigar la verdad, dado que, bajo tal supuesto, la ciencia natural muy difícilmente podría llegar a establecer nada que fuese cierto y, así, quedaría expuesta a una duda y controversia continua y, de esta manera, también, sujeta a los ataques del escepticismo - algo que a Descartes preocupaba sobremanera.

En el "Diálogo" de Galileo encontramos en boca de Simplicio la "angélica doctrina" papal:

> *"SIMPLICIO:...Por la idea bastante tenue que me he formado confieso que vuestro pensamiento me parece el más ingenioso de cuantos he oído; sin embargo, no lo considero veraz ni concluyente: al contrario, teniendo siempre ante los ojos de la*

mente muy sólida doctrina que aprendí de persona docta y eminentísima (puede pensarse en Urbano VIII) y a la cual es necesario subordinarse, sé que ustedes dos al ser preguntados si Dios mediante su infinita potencia y sabiduría podría conferir al agua el recíproco movimiento, que advertimos, de otra manera que no sea la de mover el recipiente en el que se encuentra, si, digo que me responderéis que Él ha sabido y podido hacer esto de muchas maneras, aún por nosotros inimaginables. Es en base a eso que afirmo que sería excesiva osadía el hecho de limitar o coartar la divina potencia y sabiduría a un determinado punto de vista.

***SALVIATI:** Admirable y verdaderamente angélica doctrina; a la que corresponde de una forma muy precisa aquella otra, quizás divina, la cual, al mismo tiempo que nos concede la posibilidad de debatir sobre la construcción del mundo, nos advierte (tal vez para que el ejercicio de la mente humana no se interrumpa o perezca) que no estamos hechos para hallar la obra realizada por sus manos. Valga, pues, el ejercicio que Dios nos permite y ordena, para reconocer y aún mayormente admirar su grandeza cuanto menos nos creamos idóneos para penetrar en los profundos abismos de su infinita sabiduría"*
(Tomado de "La revolución científica" 20 , Darío Rei. Icaria Editorial)

No olvidemos que Descartes leyó esta obra de Galileo, sobre la que hizo comentarios al Padre Mersenne. No creo que una objeción de tanto recorrido como la "angélica doctrina" del Papa pasara desapercibida para el perspicaz y cauto Descartes.

Los temores de Descartes

Fuere lo que fuere, Descartes era un hombre bien informado sobre todo lo que se relacionaba con los grandes descubrimientos y acontecimientos científicos de su época. Por eso, no le pasó desapercibido el caso de Galileo. En noviembre de 1633 escribió al P. Mersenne sobre el tema. En la misiva se excusa de no haberle podido enviar el regalo de su "Monde", pero al haberse enterado de que el libro de Galileo, " *Système du Monde",* había sido quemado en Roma, le sorprendió tanto que estuvo a punto de quemar sus propios escritos o, al menos, no dejar que nadie los leyese. Y continúa diciendo:

" Car je ne me suis pu imaginer que lui, qui est Italien et même bien voulu du Pape, ainsi que j'entends, ait pu être criminalisé pour autre chose, sinon qu'il aura sans doute voulu établir le mouvement de la Terre; lequel je sais bien avoir été autrefois censuré par quelques Cardinaux, mais je

pensais avoir ouï dire que depuis on ne laissait pas de l'enseigner publiquement, même dans Rome; et je confesse que, s'il est faux, tous les fondements de ma Philosophie le sont aussi, car il se démontre par eux évidemment. Et il est tellement lié avec toutes les parties de mon Traité, que je ne l'en saurais détacher, sans rendre le reste tout défectueux. Mais comme je ne voudrais pour rien du monde qu'il sortît de moi un discours, où il se trouvât le moindre mot qui fût désapprouvé de l'Église, aussi aimé-je mieux le supprimer, que de le faire paraître estropié... Il y a déjà tant d'opinions en Philosophie ...qui peuvent être soutenues en dispute, que si les miennes n'ont rien de plus certain et ne peuvent être approuvées sans controverse, je ne les veux jamais publier..."
(Lettres. Extraits de lettres écrites entre 1633 et 1638. Jean-Marie Tremblay. Collection "Les classiques des sciences sociales")

Traducción (aproximada):

*" No puedo imaginar que él, que es italiano e incluso (según tengo entendido) amigo del Papa, haya sido tratado como un criminal por ninguna otra cosa que haber querido establecer el movimiento de la tierra; yo sé que esto había sido antes censurado por algunos cardenales, pero creía haber oído decir que no había dejado de enseñarse públicamente, incluso en Roma; y yo confieso que, si (esta enseñanza) es falsa, todos los fundamentos de mi filosofía lo son también, pues **ella es demostrada** por ellos **de un modo evidente.** Y está tan conectada con cada parte de mi tratado que yo no sabría qué dejar fuera sin dejar completamente defectuoso al resto. Pero como yo no querría que saliese de mí un discurso en el que se hallase la menor palabra que fuese desaprobada por la Iglesia, por lo cual preferí suprimirlo que hacer que parezca deformado... Hay ya tantas opiniones en filosofía ... que son*

sostenidas con desacuerdos, que si las mías no son más ciertas y no pueden ser aprobadas sin controversia, no quiero publicarlas nunca"

El texto es bastante claro, por lo que me limitaré a subrayar tres aspectos que me parecen interesantes.

•En primer lugar, el explícito reconocimiento de que él, Descartes, con su filosofía tratará de demostrar lo mismo que Galileo (*el movimiento de la tierra*, dice). Pero añade la diferencia específica con respecto a los que hayan podido ser los argumentos de Galileo, a saber: mediante una **demostración evidente.** Ya hemos explicado en la tercera entrada lo que esto significaba (véase **La relación entre Descartes y Galileo)** Podríamos añadir, aún, algo más: en la mente de Descartes se irá asentando la convicción de no admitir en las explicaciones físicas nada que no se pudiese probar matemáticamente (Aunque, como señalaba Paolo Rossi, su física fuese una física matemática sin matemáticas: *"A diferencia de Huygens, Descartes había escrito toda su física sin emplear fórmulas y no había utilizado el lenguaje de la matemática. Su física no contenía leyes expresadas matemáticamente; la suya (como se ha repetido muchas veces) era una física matemática sin matemáticas"* (*El nacimiento de la ciencia moderna en Europa. Capítulo VII: Descartes. Grijalbo Mondadori)*)

•En segundo lugar, el objetivo cartesiano de alcanzar un conocimiento científico cierto y fuera de toda controversia (no sólo filosófica, sino, como se desprende del texto, eclesiástica). Esto significa, por un lado, deducir las explicaciones científicas a partir de principios absolutamente evidentes, metafísicos; pero, entonces, tal conocimiento sería mucho más que una mera hipótesis técnica para "salvar las apariencias": sería un conocimiento de verdades incontrovertibles e inmunes a las objeciones de los teólogos y jueces de Galileo. Ahora bien, **los reparos derivados de la "doctrina angélica" papal eran una gran traba para la visión científica cartesiana.**

•El interés de Descartes de mantenerse fuera de cualquier enfrentamiento con la Inquisición y evitar su censura o desaprobación. Pero si Descartes se somete (temerosamente, quizás) a la voluntad de las autoridades eclesiásticas, ello no significa que no tenga certeza en relación con la tesis copernicana del movimiento de la Tierra, pues afirma que ha llegado a probarla de un modo evidente, a partir de los fundamentos de su filosofía. El reto es superar los errores de planteamiento en los que se basan las objeciones contra el copernicanismo. Pero ... ¿ y si Descartes hubiese pensado en una táctica equivalente al famoso *"caballo de Troya"*?: valerse de la omnipotencia divina precisamente para desmontar los reparos de los teólogos...Lo cierto es que Descartes, aun cuando guarde en un cajón su *"Monde"*, no desistirá de desarrollar un sistema metafísico absolutamente fundamentado en certezas racionales para servir como "núcleo duro" del nuevo paradigma científico. Y a tal fin entrará en juego la duda metódica que, después del "Discurso", hace entrar en escena la famosa hipótesis del Dios engañador y del genio maligno.

En conclusión, por todo lo dicho se sigue que, por necesidad, Descartes debía proponerse superar el obstáculo representado por la "angélica doctrina" a fin de poder desarrollar su proyecto de construcción de un conocimiento estrictamente científico del mundo. En el despliegue de su sistema esto lo llevará a cabo superando las consecuencias de la hipótesis del Deus deceptor al demostrar la existencia de un Ser Perfecto, veraz e inmutable, conservador de las leyes universales del mundo material y garante de la veracidad de la razón metódica.

" Victor Cousin: sur la prudence de Descartes"

Creo que merece la pena traer a mi trabajo una extensa cita de uno de las grandes estudiosos sobre Descartes, Victor Cousin. No sólo porque sus reflexiones sobre *"la prudence"* de Descartes son memorables, sino también porque pienso que pudo haberse acercado a la conexión entre la revolución que entrañaba la duda metodológica y el conflicto entre Galileo y la Iglesia si hubiese reparado en la importancia que tuvo en el caso Galileo un concepto tan capital para la filosofía cartesiana como el de la **omnipotencia divina**. Rescato el texto en francés contenido en su *" Cours de l`histoire de la Philosophie. Histoire de la Philosophie du XVIII siècle. Tome I. Pichon et Didier. 1829*

" Le véritable héros philosophique du dix-septième siécle, c´est notre Descartes. Descartes renouvela la lutte du seizième siècle; il y porta, avec une fermeté inébranlable, une sagesse et un bon sens qui préservèrent la nouvelle philosophie de cette

apparence d´extravagance, qui avait décrié toutes les tentatives désordonnées et irrégulières du seizième siècle. Ensuite, Vanini, Ramus et Bruno, encore bien moins que Bacon, n´avaient fait aucune découverte qui eût été de quelque utilité à l´humanité et qui eût pris rang dans la science; mais Descartes était incontestablemente le premier géomètre de son siècle, et c´était un très grand physicien, même devant Galilée. De là, entre autres causes, l´éclat de sa philosophie et de sa méthode, qu´autorisaient merveilleusement les grands et certains résultats sur lesquels elles s´appuyaient. Mais ce qui est bien au dessus de sa philosophie, au dessus même de sa méthode et de sa philosophie, savoir, une indépendance sans bornes. **Descartes**, Messieurs, **revendiqua l´indépendance de la philosophie avec une audace qui est assez célèbre**, et dont j´ai parlé plus d´une fois; je veux aujourd`hui vous entretenir d´une autre qualité de Descartes qui est un peu moins célèbre , je veux dire sa prudence. Descartes comprit que la révolution naissante du seizième siècle, qu´il continuait, avait échoué, d´abord par le défaut de génie et de bon sens de ceux que la soutanaient, et puis, parce que, dans leur zèle aveugle, les novateurs avaient mêlé à la question de l`independence philosophique beaucoup de questions étrangères, et par là avaient soulevé de orages qui les avaient accablés. **Descartes joignait beaucoup d´esprit à beaucoup de génie; il avait été homme du monde; il connossait son siècle et les hommes de ce siècle; il compris donc la nécessité d`une parfaite sagesse et d´une grande circonspection: lisez ses lettres, il recommande** à tous ses amis , à tous ses élèves **la modération et la prudence**. Lui-même, après que son premier et immortel ouvrage écrit en français "de la méthode", eut produit in immense effet, et de toutes parts éveillé, avec la curiosité, la malveillance et des scrupules puissans, sagement il dédia ses "Meditations" à la Sorbonne. Voulez-vous une autre preuve très forte et assez peu connue de la prudence de Descartes?. Il était comme vous savez, contemporain de Galilée; il en faisait le plus grand cas, à cela près qu`il ne le trouvait pas assez géomètre. **Il pensait comme Galilée sur le mouvement de la terre; il croyait même l´avoir démontré péremptoiremente; mais à la nouvelle de la condamnation de Galilée, il n´hésita pas à supprimer cette opinion et l´ouvrage entier qui la contenait.**

C´est ainsi que Descartes échappa aux persécutions; mais, avec toute sa prudence, il n´échappa pas aux tracasseries. Après avoir beaucoup couru le monde, et étudié les hommes en mille occasions, sur les champs de bataille et dans les cours, il avait conclu de toutes ses expériences qu´il faut vivre solitaire: il s´était fait ermite en Hollande. Eh bien! là même il trouva des tracasseries; et de quelle part? de la part des protestant qui faisait de la liberté contre Rome et de la tyrannie envers la philosophie.

*Pour beaucoup de causes qu´il serait trop long de vous développer, **le résultat de la révolution cartésienne fut la destruction radicale de la forme péripatéticienne et de la scolastique...***

*Qu´était-ce, Messieurs, qu´en finir avec le môyen âge en philosophie?. C´était **détruire, en matière philosophique, le principe de l´ autorité et resserrer la théologie dans son domaine prope.** Or ce n´était pas là une oeuvre simple et facile; c´était une oeuvre laborieuse et compliquée, mêlée de mal comme de bien"* (pp 67-69, 75)

Traducción :

El verdadero héroe filosófico del S.XVII es nuestro Descartes. Descartes renovó la lucha del S.XVI; él la llevó con una firmeza inquebrantable, una sabiduría y un buen sentido que preservaron a la nueva filosofía de esa aspecto extravagante que había criticado en todas las tentativas desordenadas e irregulares del S. XVI. Entonces, Vanini, Ramus y Bruno, aún menos que Bacon, no habían hecho ningún descubrimiento que hubiese sido de alguna utilidad a la humanidad ni importante en la ciencia; pero Descartes era incontestablemente el primer geómetra de su siglo y un gran físico, incluso por delante de Galileo. De ahí, entre otros factores, el brillo de su filosofía y de su método, que permitieron maravillosamente los grandes y ciertos resultados sobre los cuales se apoyaron. Pero lo que está muy por encima de su filosofía, por encima incluso de su método, es el carácter de su método y de su filosofía, a saber: una independencia sin límites. Descartes, señores, revindicó la independencia de la filosofía con una audacia que es bastante célebre y de la cual he hablado más de una vez; quiero hoy hablarles de otra cualidad de Descartes que es un poco menos conocida, me refiero a su prudencia. Descartes comprendió que la revolución naciente del S.XVI , que él continuaba, se había embarrancado, en primer lugar por la falta de talento y sentido común, y, después, porque, en su ciego afán, los "novateurs" habían mezclado con la cuestión de la independencia filosófica muchos temas extraños, y de este modo habían planteado tormentas que les habían abrumado. Descartes unió mucho espíritu con mucho genio; él había sido hombre de mundo; conocía su tiempo y los hombres de su tiempo; comprendió, pues, la necesidad de una perfecta sagacidad y de una gran circunspección: lean sus cartas, él recomienda a todos sus amigos, a todos sus alumnos, la moderación y la prudencia. Él mismo, después de que su primera e inmortal obra escrita en francés ("Discurso del método") ...despertase junto con la curiosidad, malicia y poderosos escrúpulos, sabiamente dedicó sus "Meditaciones" a la Sorbona. ¿ Quieren otra prueba más fuerte y poco conocida de la prudencia de Descartes? . Él era, como ustedes saben, contemporáneo de Galileo; él le hizo mucho caso, salvo que no le pareció suficiente geómetra. Pensaba como Galileo que la tierra se mueve; creía incluso haberlo demostrado definitivamente; pero tras la noticia de la condena de Galileo, no dudó suprimir esta opinión y la obra entera que la contenía. Es así como Descartes escapó a las persecusiones; pero con toda su prudencia, no escapó a los perseguidores. Después de haber viajado y estudiado a los hombres en mil ocasiones, en los campos de batalla y en la corte, él concluyó a partir de sus experiencias que necesitaba vivir en soledad: se refugió en Holanda. Pues, bien, incluso allí encontró perseguidores; ¿ y de qué parte? De la parte de los protestantes ...

Por muchos motivos ..., el resultado de la revolución cartesiana fue la destrucción radical de la forma aristotélica y escolástica...

¿ Qué era lo que acabó, señores, con la edad media en la filosofía? Fue destruir, en cuestiones filosóficas, el principio de autoridad y confinar la teología en su propio terreno. Ahora bien, esto no era una tarea simple ni fácil; era una tarea trabajosa y complicada, mezcla de malo como bueno"

Nadie discutiría hoy el genio de Descartes para llevar a cabo una verdadera revolución para " *la destruction radicale ... de la scolastique"* y " *détruire... le principe de l'autorité et resserre la théologie dans son domaine prope".*Nadie discutirá tampoco que el supremo interés que animó la "révolution cartésienne" fue la defensa de "*l'indépendance de la philosophie "* frente a teología. Descartes inaugura la Modernidad precisamente porque pretenderá romper con el pasado y barrer los obstáculos que habían convertido a la filosofía en " ancilla theologiae".

¿ Cómo podría pasar inadvertido para Descartes que el tribunal que juzgaba a Galileo tratase de limitar el progreso científico en base a los pretextos teológicos de la "angélica doctrina" de Urbano VIII?

Descartes tenía muy clara su misión y, también, la forma de llevarla a cabo. Cousin se percató de ello y, por eso, considero que mi hipótesis encaja con su visión. Así como también con estas palabra de Rossi:

" *En conjunto (Descartes) se mantuvo fiel a cuanto había escrito en uno de sus cuadernos juveniles: "**En el momento de subir a este escenario mundano... me presento disfrazado**". Tal como se ha escrito, Descartes fue un revolucionario que no quería ser calificado de tal, deseaba evitar el conflicto con la filosofía oficial y lo consiguió perfectamente sin comprometer nunca su propio punto de vista (Shea, 1994:271)" (El nacimiento de la ciencia moderna en Europa. Colección " La construcción de Europa". Grijalbo Mondadori. 1998. Pág. 112)*

6. LA DUDA METODOLÓGICO-HIPERBÓLICA EN LAS MEDITACIONES METAFÍSICAS.

La hipótesis del Dios engañador en las "Meditaciones Metafísicas":

" Mais que, pour toutes les opinions que j'avais reçues jusques alors en ma créance, je ne pouvais mieux faire que d'entreprendre, une bonne fois, de les en ôter, afin d'y en remettre par après, ou d'autres meilleures, ou bien les mêmes, lorsque je les aurais ajustées au niveau de la raison. Et je crus fermement que, par ce moyen, je réussirais à conduire ma vie beaucoup mieux que si je ne bâtissais que sur de vieux fondements » et que je ne m'appuyasse que sur les principes que je m'étais laissé persuader en ma jeunesse, sans avoir jamais examiné s'ils étaient vrais." (Descartes: Discours de la Méthode(1637). Seconde Partie. La Gaya Scienza. 2012)

Traducción:

" Pero, en lo que atañe a las opiniones que hasta entonces había yo admitido en mi creencia, pensé que no podía hacer cosa mejor que intentar por una vez suprimirlas todas, a fin de colocar después en su lugar, bien otras mejores, o bien las mismas, una vez ajustadas al nivel de la razón. Y creí firmemente que, por este medio, lograría conducir mi vida mucho mejor que si no edificaba más que sobre viejos cimientos y no me apoyaba más que en los principios que me había dejado inculcar en mi juventud, sin haber examinado nunca si eran verdaderos." (Traducción de Antonio Rodríguez Huéscar. Ediciones Aguilar)

Comienzo con estas palabras del "Discurso" porque exponen muy claramente el sentido que tiene la duda metódica cartesiana, como un examen crítico al que nuestra facultad cognoscitiva, la razón, se somete a sí misma para fundamentar su plena autonomía y autosuficiencia en la investigación científica de la verdad.

Obviamente, "científico" significa, dentro del racionalismo cartesiano, un conocimiento de verdades ciertas e indudables, bien sea de modo mediato (demostrables deductivamente a partir de principios evidentemente verdaderos) o inmediato (ideas absolutamente claras y distintas por sí mismas).

Dudar metódicamente significa tomarse el derecho a plantearse críticamente el valor de todas las creencias (prejuicios) cuya verdad u "obviedad" solemos presuponer acríticamente, muchas veces persuadidos por motivos psicológicos o culturales, pero siempre por no saber cómo servirnos bien de la inteligencia (" Pues no basta con tener la mente bien dispuesta- se dice al comienzo del "Discurso" -, sino que lo principal es aplicarla bien"). Así, pues, Descartes se decidió a desprenderse o eliminar ("ôter") como si fuesen falsas todas aquellas opiniones para las que pudiese pensar o fingir el menor motivo de duda. Como ya sabemos, la crítica negativa de la duda no es un fin sino sólo un medio para ganar la plena certeza racional sobre verdades totalmente incontrovertibles. Estas otras " certezas críticas absolutamente validadas" (como las describe Sergio Rábade en "Descartes y la gnoseología moderna") serían, primeramente, las "metafísicas" entendidas en el mejor de los dos sentidos en que podría hablarse de "metafísica" en la obra de este autor racionalista.

En efecto, creo que no me aparto de las interpretaciones convencionales de la filosofía de Descartes si hago una distinción entre dos acepciones de "metafísica" en su obra, lo mismo que solemos distinguir dos sentidos del término "filosofía". Se trata de la (mala) "metafísica" anterior a su reforma del saber y de la (buena) "metafísica" establecida a partir de la aplicación metodológica de la duda.

En el primer sentido, comprende todas las proposiciones problemáticas sostenidas en disputas interminables dentro de la filosofía tradicional, especialmente las corrientes escolásticas. Vale para esta metafísica lo que dice en la primera parte del "Discurso" : " no hay todavía en ella cosa alguna de la que no se dispute y...no sea dudosa"; y por eso todo en ella lo "reputaba como falso" porque no pasaba "de ser verosímil".

En el segundo sentido, " metafísica" es lo que Descartes proyecta establecer como los fundamentos absolutamente evidentes que deben servir para demostrar deductivamente todos los restantes conocimientos científicos. Por ende, "metafísicas" son las verdades apodícticas obtenidas con el método racional.

Ahora bien, es sobradamente sabido que el proyecto de reforma del saber que Descartes emprende presupone una ruptura radical con el pensamiento filosófico del pasado. Esta ruptura se lleva a cabo a través de un proceso metodológico de duda que debe de ser universal y radical, al menos, en el ámbito de las ciencias. Se trataría, si se me permite decirlo así, de liberar el pensamiento de todo prejuicio heredado, de no dejar nada pre-supuesto, para desarrollarse autónomamente a partir de conocimientos absolutamente claros y distintos; es decir, verdades evidentes independientes de toda "suposición" no críticamente validada.

Por tanto, creo que los motivos que Descartes propone para remover con su duda el viejo edificio de las opiniones recibidas tienen que funcionar como "hipótesis independientes" de las concepciones metafísicas desarrolladas dentro de su sistema racionalista, puesto que con la duda metódica se trata de garantizar lo que anteriormente he comentado: la plena autonomía de un saber puesto a priori por la razón, sin dependencias ni adherencias previas respecto de la tradición. Ciertamente, como dice Descartes en el texto del "Discurso" con el que he comenzado este capítulo, el método permitirá recuperar algunas de las verdades puestas previamente en duda, pero ahora ya validadas demostrativamente por la razón humana.

Así, pues, si la hipótesis del Deus deceptor va a desempeñar la función crítica más universal y, por ende, radical, de la duda metódica, hasta el punto, como dice Rábade, de "arruinar la validez de todos nuestros conocimientos", no puedo estar de acuerdo con él en una reflexión que hace en la página 37. Y mi razón es la que acabo de exponer en los párrafos anteriores. Cito a Rábade:

"...estamos ante una hipótesis que ha sido llamada con toda razón por el propio Descartes "metafísica" , porque está completamente en dependencia de teorías metafísicas subyacentes, concretamente de la concepción cartesiana de Dios. Igual que en Ockham, el Dios cartesiano se caracteriza por la absoluta omnipotencia sin supeditación a nada. Por eso el Dios cartesiano no es sólo el árbitro de la existencia o no existencia de las realidades, sino que lo es también de la verdad. Es un Dios creador de la verdad. Por ello, como indica Gouhier, aunque el Deus deceptor no pase de ser una caricatura del verdadero Dios cartesiano que nos será presentado desde la tercera meditación, es una caricatura que conserva ciertos rasgos del original y que está posibilitada por

el modo de concebir a éste. Un Dios concebido como misterio de poder y libertad, un Dios que puede hacer que los tres ángulos de un triángulo no sean iguales a dos rectos, ofrece todas las posibilidades para la hipótesis metafísica de suponer que nos puede haber hecho de tal manera que nuestro conocimiento sea un perpetuo engaño". (Descartes y la gnoseología moderna. G.del Toro 1971)

Parece muy cierto que el Deus deceptor aparece como un desvaído trasunto del "original" y también como " un Dios concebido como misterio de poder y libertad". Ahora bien, pienso que hay error al juzgar que se trata de " una hipótesis ... completamente en dependencia de ..la concepción cartesiana de Dios", puesto que tal cosa sería una inconsistencia con la radicalidad crítica que Descartes persigue con el despliegue de su duda y también de su sistema filosófico. En efecto, me parece algo incoherente que al plantear tal motivo de duda Descartes estuviese presuponiendo nada que no fuese todavía muy problemático por ser una idea confusa; todavía no se ha probado clara y distintamente . Sin embargo, sí que tomaba la hipótesis como una opinión que "desde hacía tiempo (tenía) en su espíritu" (Meditaciones) y algo que " nosotros hemos oído decir" (véase más abajo la cita de los "Principios") ; pero una opinión basada en ideas oscuras y confusas; una opinión adquirida por cierta influencia ambiental y que, si no tenía un origen sensible, debía tenerlo en la doctrina aprendida por la autoridad de sus "preceptores". Aun cuando Descartes prueba más tarde el origen innato de la idea de Dios, esto es algo que sólo se evidenciará cuando se llegue a demostrar su existencia; por tanto, es un aspecto que no puede darse por supuesto en este momento del desarrollo de la duda metódica. En cambio, sí podemos decir que no resulta incompatible con el apriorismo que tiene la noción de la sustancia infinita en la metafísica cartesiana, el hecho de que también los hombres de cada época y cultura pueden formarse imágenes inadecuadas, oscuras y confusas, sobre Dios. Por lo que, para Descartes tendrá que ser tarea no poco seria e importante utilizar el análisis filosófico para discriminar lo que sea innato en la idea que tenemos de Dios y lo "facticio" o imaginativo con lo que la mente humana haya podido también representárselo...

Si esto es así, la hipótesis que Descartes va a utilizar para arruinar la validez de todos nuestros conocimientos, tendría que proceder de cierta concepción tradicional sobre la infinita omnipotencia divina. La misma concepción que, bajo determinadas interpretaciones escolásticas, pudo haber servido como motivo para poner reparos teológicos al progreso de la nueva física galileana...

Además, si Descartes consideraba "metafísica" la hipótesis del Deus deceptor, también podría explicarse tal cosa de acuerdo con la distinción que hice anteriormente: sería "metafísica" porque todavía es una concepción problemática, no clara ni distinta: como no se ha alcanzado un conocimiento claro y distinto de la esencia divina puede introducirse "ex suppositione" la idea de " la voluntad absolutamente descontrolada de Dios" para cuestionar, lo mismo que la validez de las nuevas ideas astronómicas, la cognoscibilidad racional de toda la realidad.

Sin más dilación, veamos el texto de las "Meditaciones" alusivo al Deus deceptor:

" Y, sin embargo, hace tiempo que tengo en mi espíritu cierta opinión, según la cual hay un Dios que todo lo puede, por quien he sido creado tal como soy. Pues bien: ¿quién me asegura que el tal Dios no haya procedido de manera que no exista figura, ni magnitud, ni lugar, pero a la vez de modo que yo, no obstante, sí tenga la impresión de que todo eso existe tal y como lo veo? Y más aún: así como yo pienso, a veces, que los demás se engañan, hasta en las cosas que creen saber con más certeza, podría ocurrir que Dios haya querido que me engañe cuantas veces sumo dos más tres, o cuando enumero los lados de un cuadrado, o cuando juzgo de cosas aún más fáciles que ésas, si es que son siquiera imaginables. Es posible que Dios no haya querido que yo sea burlado así, pues se dice de Él que es la suprema bondad. Con todo, si el crearme de tal modo que yo siempre me engañase repugnaría a su bondad, también parecería del todo contrario a esa bondad el que permita que me engañe alguna vez, y esto último lo ha permitido, sin duda" (Primera meditación)

Siguiendo las explicaciones de Sergio Rábade (uno de los grandes expertos españoles en el tema), podríamos preguntarnos: ¿ Qué "metafísica" puede subyacer en esta imagen de Dios que todavía no se ha convertido en una idea clara y distinta ?. Creo que la respuesta no debe hacerse esperar más:

Se trata de la imagen de un Dios de cuya omnipotencia, como decimos, aún no tenemos una idea adecuada puesto que el análisis metodológico-racional no ha llegado aún a comprender sus relaciones y funciones dentro del atributo divino de la Perfección. Se trata, más bien, de una concepción heredada de la tradición filosófica medieval y de aquellas viejas disputas dialécticas y escolásticas sobre el poder de Dios para hacer que no hubiese existido lo que Él hubo creado, convertir lo verdadero en falso o, como se presentaba en la doctrina de Ockham, para hacer que tengamos percepción de algo no creado. En efecto, el Deus deceptor cartesiano es un trasunto de esta concepción medieval, pues todavía no ha llegado a demostrar Descartes que en el atributo de su infinita perfección se concilia armónicamente su omnipotencia absoluta con su veracidad e inmutabilidad (que, como es sabido, sirven de fundamento para justificar el criterio de verdad y la confianza absoluta en el conocimiento metódico-racional del mundo natural). Y es por esto por lo que dice que todavía no podemos estar completamente ciertos de que Dios no pueda arruinar todas nuestras otras certezas, tanto físicas (haciendo que yo perciba la tierra sin que en realidad exista tierra alguna) como racionales (haciendo que me engañe cuando enumero los lados de un cuadrado).

El motivo para la duda absoluta en "Les Principes de la Philosophie"

En esta obra el nivel máximo de la duda también se alcanza con la hipótesis del Dios engañador, pero, a diferencia de las "Meditaciones", no se presenta la versión del genio maligno.

Veamos el texto, en francés:

> *"Nous douterons aussi de toutes les autres choses qui nous ont semblé autrefois très certaines, même des demonstrations de mathématique et de ses principes, encore que d´eux-mêmes ils soient assez manifestes, à cause qu´il y a des hommes qui se sont mépris en raisonnant sur de telle matières; mais principalement parceque nous avons ouï dire que Dieu, qui nous a créés, peut faire tout ce qu´il lui plaît, et que nous ne savons pas encore si peut-être il n´a point voulu nous faire tels que nous soyons toujours trompés, même dans les choses que nous pensons le mieux connaître: car, puisqu´il a bien permis que nous nous soyos trompés quelquefois, ainsi qu´il a été déjà*

remarqué, pourquoi ne pourroit-il pas permettre que nous nous trompions toujours? Et si nous voulons feindre qu`un Dieu tout-puissant n´est point l`auteur de notre être, et que nous subsistons par nous-mêmes ou par quelque autre moyen, de ce que nous suppeserons cet auteur moins puissant, nous aurons toujours d`autant plus de sujet de croire que nous ne sommes pas si parfaits que nous ne puissions être continuellement abusés" (*Oeuvres de Descartes, publiées par V. Cousin. Tome III. Lachevardiere. 1824. págs 65-66)*

Traducción :

" Dudaremos también de todas las demás cosas que nos han parecido alguna vez muy ciertas, incluso de las demostraciones matemáticas y de sus principios, incluso aunque fuesen bastante evidentes... porque hemos oído decir que Dios, que nos ha creado, puede hacer todo lo que le plazca, y que no sabemos todavía si acaso Él no ha querido hacernos de tal forma que nos equivoquemos siempre, incluso en las cosas que creemos saber mejor: ya que, puesto que Él permite que nos equivoquemos alguna vez, como ya se ha señalado, ¿ por qué no podría hacer que nos equivoquemos siempre?..."

Aparentemente no son destacables grandes diferencias con respecto al texto de las " Meditaciones", excepto en el punto ya señalado de que en los "Principios", Descartes prescinde de la variante del genio maligno.

Pero yo he destacado en negrita parte del texto por descubrir un aspecto relevante para mi hipótesis de trabajo. Creo que lo marcado muestra claramente lo siguiente:

Primero, la relación que Descartes quiere establecer entre la ficción de un Dios engañador y la hipótesis de un Dios omnipotente y creador (qui nous a créés, peut faire tout ce qu´il lui plaît). Descartes estaría diciendo: vamos a imaginar que hubiese un Dios que nos hubiese creado para que siempre confundiésemos lo verdadero con lo falso. Tal posibilidad parece basarla en su omnipotencia y en la finitud de los seres creados: en este caso, los seres humanos. En efecto, por nuestra finitud ni sabemos lo que puede ser objeto de la voluntad infinita de Dios

(por tanto no podemos saber si "acaso Él no ha querido hacernos de tal forma que nos equivoquemos siempre), ni podemos asegurar con certeza que no podamos equivocarnos)

Segundo, y más importante todavía, justifica la hipótesis del Dios engañador en base a lo que " hemos oído decir" sobre la omnipotencia divina, la potentia dei absoluta. Y lo que él ha oído decir es que Dios " peut faire tout ce qu´il lui plaît". La cuestión es, dado que obviamente hace referencia a las disputas escolásticas e, inclusive, al punto clave de los reparos teológicos contra el realismo científico galileano (por ejemplo, en relación con el movimiento de la tierra) , si podemos tomar este pasaje como una insinuación de la conexión entre la "doctrina angélica" (usada para limitar la autonomía y el valor del pensamiento científico) y la hipótesis de un Dios engañador que deberá ser superada probando la existencia del Dios Perfecto y Veraz (para justificar así la absoluta autonomía y la evidencia del conocimiento racional)

El paso a la hipótesis del genio maligno en las "Meditaciones"

Tanto en las "Meditaciones" como en los "Principios", Descartes desarrolla la hipótesis sobre el Deus deceptor de forma dilemática, como muy bien nos advierte Sergio Rábade:

> *"o admitirmos como autor de nuestra naturaleza un Dios omnipotente, o admitimos como autor de la misma otro principio sin omnipotencia y, por lo mismo, imperfecto. Ahora bien, en uno y otro caso, tenemos que desembocar en la duda universal. Si admitimos al Dios omnipotente, porque para él no hay dificultad en ello; y, si admitimos un autor imperfecto, porque en tal caso tenemos motivos fundados para pensar que nuestra naturaleza es imperfecta y proclive al error"*

Con tal disyuntiva hipotética parece que, en efecto, se ha alcanzado el nivel de máxima universalidad de la duda metodológica. Pero, sin embargo, Descartes sustituirá al final de la primera meditación al Deus deceptor por el genio maligno. Dirá:

> *"Así pues, supondré que hay, no un verdadero Dios —que es fuente suprema de verdad—, sino cierto genio maligno, no*

menos artero y engañador que poderoso, el cual ha usado de toda su industria para engañarme. Pensaré que el cielo, el aire, la tierra, los colores, las figuras, los sonidos y las demás cosas exteriores, no son sino ilusiones y ensueños, de los que él se sirve para atrapar mi credulidad. Me consideraré a mí mismo como sin manos, sin ojos, sin carne, ni sangre, sin sentido alguno, y creyendo falsamente que tengo todo eso. Permaneceré obstinadamente fijo en ese pensamiento, y, si, por dicho medio, no me es posible llegar al conocimiento de alguna verdad, al menos está en mi mano suspender el juicio. Por ello, tendré sumo cuidado en no dar crédito a ninguna falsedad, y dispondré tan bien mi espíritu contra las malas artes de ese gran engañador que, por muy poderoso y astuto que sea, nunca podrá imponerme nada." (Meditaciones metafísicas I. Traducción de Vidal Peña)

¿ Realmente ha alcanzado el nivel de la duda absoluta con la hipótesis del Deus deceptor?. Y, si lo ha alcanzado, como afirma Rábade en el texto antes citado, ¿ qué sentido tiene sustituirlo por la figura del genio maligno en el penúltimo de los párrafos de la primera meditación?.

En relación con la primera cuestión, debo recordar algunas precauciones que Descartes se preocupa por dar a conocer en distintos sitios:

- "Mi propósito - dice en la segunda parte del Discurso del método - no se extendió nunca más allá del intento de reformar mis propios pensamientos y de edificar en un terreno que es enteramente mío". Descartes se cuidó cautelosamente de no presentar su duda metódica como un modelo a seguir por todo el mundo, ni siquiera para aplicar a todos los órdenes de la vida.

- "...Desde el momento en que me propuse entregarme ya exclusivamente a la investigación de la verdad, pensé que debía hacer todo lo contrario y rechazar como absolutamente falso todo aquello en lo que pudiera imaginar la más pequeña duda, para ver si después de esto quedaba algo entre mis creencias que fuese enteramente indudable" (Discurso del método,IV). Por tanto, entre los motivos de duda caben todos los posibles, sin excluir los ficticios e inverosímiles. Estaría, pues, justificado " emplear todas mis fuerzas en engañarme a mí mismo, fingiendo que todas estas opiniones son falsas e imaginarias..." (antepenúltimo párrafo de la primera parte de las Meditaciones metafísicas) . La hipótesis del Deus deceptor puede ser y, de hecho es, una ficción metodológicamente justificable, de acuerdo con este criterio, para llevar la duda hasta lo extremo.

- " ¿ Está permitido dudar de Dios? ¿ Se puede naturalmente dudar de la existencia de Dios?. En una duda hay que distinguir lo que pertenece al entendimiento de lo que pertenece a la voluntad. Por lo que al primero se refiere no debemos preguntar si una cosa le está permitida o no...; en lugar de si le está permitido, preguntaremos si puede... porque refiriéndose (la fe) a la voluntad, el fiel puede examinar por razón natural, si hay Dios y, de este modo, dudar de Él.
Por lo que respecta a la voluntad, hay que distinguir la duda relativa al fin, de la duda relativa a los medios. Si alguno se propone como fin dudar de Dios peca gravemente...; pero si se propone la duda como medio para llegar a un conocimiento más claro de la verdad, realiza una acción piadosa y honesta, porque ...(por) la misma Escritura los hombres son invitados frecuentemente a que traten de adquirir el conocimiento de Dios por la razón natural. El que, para llegar a ese fin, prescinde por algún tiempo del conocimiento que hay en su espíritu, relativo a la divinidad, no obra mal; porque no estamos siempre obligados a pensar en que Dios existe" (Carta X, II)

La duda metodológica, universal y absoluta, es un acto de la voluntad y, por tanto, un medio lícito si persigue un conocimiento "más claro de la verdad". Sería lícito, incluso para un fiel creyente, dudar provisionalmente de todo hasta no tener una plena certeza. Para lograr la certeza, podría también, sin pecar, servirse de una ficción metodológica para "prescindir por algún tiempo del conocimiento que hay en su espíritu", porque tal cosa sería justificable por el fin de " adquirir el conocimiento de Dios por la razón natural".

Pues bien, si la decisión de dudar para desprenderse provisionalmente de los conocimientos adquiridos que no sobrepasan la mera verosimilitud se puede justificar como "medio para llegar a un conocimiento más claro de la verdad" y, también, como un exclusivo propósito personal. Si, además, no obra mal quien, para tal fin, se atreve a " imaginar " el más pequeño motivo de duda. En tales circunstancias, la ficción interesada del Deus deceptor, en la medida en que no va acompañada del asentimiento de la voluntad, no compromete la fe de Descartes y puede conducirle a una duda total para expulsar de su mente toda supuesta verdad que no fuese enteramente indudable. Y puede llegar a ser tan total, tan absoluta, porque alcanza el nivel trascendental (en sentido escolástico). En efecto, ataca dos presupuestos absolutamente universales y necesarios de posibilidad de todo conocimiento:

El principio ontológico trascendental de la inteligibilidad de lo real, pues la ficción del Deus deceptor convierte en incognoscible , por incongruente, todo lo existente, dado que lo deja sin fundamento o razón de ser. El Deus deceptor haría uso de su omnipotencia infinita para convertir su creación en un disparate incomprensible si hiciese gala de su poder para querer (crear) como ley de lo real la identidad del ser con el no ser, por ejemplo. En tal caso, como afirmaba V. Gómez Pin, podría decirse que " mi decir (dejaría) en ese mismo instante de tener significación alguna para mí, si mis conceptos se desvanecieran hasta el punto de ignorar si estoy dudando o no dudando, o de que el término duda perdiera su estabilidad y viniera a significar lo contrario" (Descartes: La exigencia filosófica. Akal 1996. Pág. 48). De este modo, no sólo el mundo natural, sino también el mundo interior al sujeto, sería, de suyo, inconsistente, inaprensible para la inteligencia humana, resultando imposible de conceptualizar y ordenar de modo lógico y coherente.

En segundo lugar, el principio epistemológico de la veracidad de la razón, que supone que la facultad cognoscitiva humana no es algo absurdo, truncado, y que, por tanto, el hombre es un sujeto dotado de una capacidad naturalmente ordenada a inteligir la verdad del ser y a poder validar sus certezas o concepciones. Esto no puede suceder si el Dios engañador me hubiese hecho de modo que " mi cabeza no (funcionase) con perfecta adecuación a los principios (lógicos) ... (ya que) repudiando el principio de no contradicción... hubiera perdido la condición de ser pensante" (Descartes: La exigencia filosófica. Akal 1996. Pág. 48). (Gómez Pin advierte, sensatamente, que tal implicación hace, incluso, imposible la posibilidad de formular la hipótesis del Dios engañador, dado que " percibo con claridad y distinción apodícticas que no hubiera podido tan siquiera aventurar tal hipótesis (perfectamente inteligible, un ser todopoderoso y amante del engaño), si mi cabeza no hubiera funcionado con perfecta adecuación a los principios..."). Sea como sea, con la suposición del Deus deceptor se barre el motivo para poder confiar en el valor cognoscitivo del pensamiento racional.

Por ende, sí, creo que Descartes ha alcanzado con la hipótesis del Deus deceptor el nivel de la duda metodológica absoluta.

Pasemos, por consiguiente, al segundo interrogante: ¿ qué sentido tiene sustituir el motivo ficticio de un dios engañador por otra figura, como la del genio maligno?

Hay intérpretes de Descartes que lo explican por reparos provenientes de la fe. Así, por ejemplo, dice Andrés Molina Mejía:

> "Por otra parte, y para evitar equívocos de fe, Descartes, al final de la meditación, sustituye la denominación de "Dios engañador" por la de "Genio Maligno" (El pensamiento moderno: Descartes. Colección Trípode. Editorial Ágora.1993. Pág.28)

Por mi parte, creo que Descartes procede a esta sustitución para resaltar de una forma más contundente e incontrovertible que su intención es buscar un motivo puramente ficticio, es decir, sin ningún tipo de compromiso ontológico ni ideológico (credencial) . En efecto, porque el recurso del Deus deceptor despertaría controversia para cualquier lector que todavía no entendiese que Descartes pretende situar sus motivos hipotéticos en el universo de los posibles, y que dentro de los posibles, la hipótesis más extrema y forzada es imaginar un Dios de una descontrolada libertad y omnipotencia capaz de convertir lo verdadero en falso.

En cambio, la idea de un ser sumamente poderoso pero tramposo que se comporte como un diablillo que se divierte jugando con nuestra mente, no suscita controversias filosóficas ni teológicas, pues cualquiera puede conceder que se trata de imaginar algo que carece de razón de ser distinta de la fantasía de Descartes. Por tanto, la hipótesis del genio maligno puede también cumplir la función crítica sin más problemas, por ser claramente de carácter inventivo.

Antes de virar hacia la hipótesis patentemente ficticia de tal genio , Descartes comenta que algunos (lectores y críticos) pueden sentirse molestos con su decisión personal de imaginar un Dios capaz de engañar y "burlarse" de nosotros, pues esto repugna a su "suprema bondad". Ahora bien, estos son de los que todavía no han llegado a entender el carácter puramente imaginativo de la concepción del Dios omnipotente y engañador. Pues es una idea aún no clara y distinta de la Perfección divina, en la que Dios (el que puede hacer verdadero y bueno lo que quiera), haciendo uso de su potencia absoluta, no se ve sujetado (por su perfección e inmutabilidad) a conservar el orden (físico y moral) de sus decretos y, por tanto, su libertad no puede verse constreñida a ningún orden necesario, real ni posible.

Tendremos que esperar hasta que la idea innata de Dios sea analizada por Descartes para establecer que, aun cuando Dios en su infinita omnipotencia y libertad es el autor de toda verdad, sin embargo, por su perfección e inmutabilidad, es el garante de la necesidad que para nuestra inteligencia tiene el conocimiento de lo comprendido clara y distintamente por la razón... Pero, mientras permanecemos en el nivel de la duda, en ausencia de toda certeza irrebatible, podemos jugar (como dice en la carta que he citado: " sin obrar mal") suponiendo que un tal Dios es capaz de hacer que nos engañemos siempre, lo mismo que nadie discute la posibilidad de que permita que nos engañemos a veces.

Si Descartes vira hacia el genio maligno será por hacer una concesión a quienes aún no son capaces de entender el artificio de la duda radical cartesiana: por ejemplo, aquellos que objeten la contradicción subyacente a la imaginación de un Dios engañador, basándose en la idea de la bondad divina. Pero, con una hipótesis o con otra, Descartes pone el énfasis en que se trata de hablar "ex suppositione" para cuestionar la validez de nuestros conocimientos.

Probablemente se pueda hablar de un paralelismo entre la función crítica de las hipótesis del Deus deceptor y del genio maligno en la filosofía de Descartes y las objeciones escolásticas basadas en la omnipotencia y la libertad divina para cuestionar la cognoscibilidad racional de ciertas parcelas de la realidad física (por ejemplo, la cosmológica). Si Descartes escoge este artificio para una duda universal, también los jueces de Galileo habían cuestionado el valor de verdad de demostraciones y teorías científicas particulares, partiendo de la hipótesis de la libertad y la omnipotencia divinas.

7. LA SUPERACIÓN RACIONALISTA DE LAS LIMITACIONES IMPUESTAS POR EL TEOLOGISMO MEDIEVAL A LOS AVANCES DE LA FÍSICA MODERNA.

Del cogito a la demostración racionalista de la existencia de Dios: Recorrido sintético

Verdaderamente lamento no poder detenerme en explicaciones sobre la metafísica cartesiana. Creo, sin embargo, que quedo justificado por el afán de ser sintético, a fin de atenerme exclusivamente a los aspectos relevantes para esta investigación, así como, también, para ahorrar al lector prolijas explicaciones sobre partes del sistema cartesiano que pueden encontrarse perfectamente en cualquier libro de historia de la filosofía moderna. Aunque no descarte la posibilidad de volver sobre este trabajo y ahondar más mis indagaciones, eso ya no dependerá sólo de mi voluntad...

Recordaré lo que dejé dicho en la quinta parte: " *Descartes debía proponerse superar el obstáculo representado por la "angélica doctrina" a fin de poder desarrollar su proyecto de construcción de un conocimiento estrictamente científico del mundo. En el despliegue de su sistema esto lo llevará a cabo superando las consecuencias de la hipótesis del Deus deceptor al demostrar la existencia de un Ser Perfecto, veraz e inmutable, conservador de las leyes universales del mundo material y garante de la veracidad de la razón metódica*".

"Arquímedes, para trasladar la tierra de lugar, sólo pedía un punto de apoyo firme e inmóvil; así yo también tendré derecho a concebir grandes esperanzas, si por ventura hallo tan sólo una cosa que sea cierta e indubitable...
...Ya estoy persuadido de que nada hay en el mundo; ni cielo, ni tierra, ni espíritus, ni cuerpos, ¿y no estoy asimismo persuadido de que yo tampoco existo? Pues no: si yo estoy persuadido de algo, o meramente si pienso algo, es porque yo soy. Cierto que hay no sé qué engañador todopoderoso y astutísimo, que emplea toda su industria en burlarme. Pero entonces no cabe duda de que, si me engaña, es que yo soy; y, engáñeme cuanto quiera, nunca podrá hacer que yo no sea nada, mientras yo esté pensando que soy algo. De manera que, tras pensarlo bien y examinarlo todo cuidadosamente, resulta que es preciso concluir y dar como cosa cierta que esta

proposición: "yo soy", "yo existo", es necesariamente verdadera, cuantas veces la pronuncio o la concibo en mi espíritu" (Meditaciones metafísicas. Meditación segunda. Descartes. Alfaguara)

Finalmente, Descartes alcanza una primera verdad absolutamente indudable con la que supera la duda universal a la que conducía la ficción metodológica del Deus deceptor. Ya puede afirmar Descartes que si se ve inducido a tener que dudar de todo porque podría imaginar que Dios le quisiese engañar, sin embargo, puede estar completamente seguro de "ser" en la medida en que es engañado, duda y, por tanto, piensa. "Je pense donc je suis" es el primer pincipio de la filosofía cartesiana, punto de partida para ganar todas las demás certezas siguiendo un estricto orden racional deductivo.

La duda metódica alcanzará en el *" ego cogito",* el sujeto pensante, la primera certeza absolutamente indiscutible. Se tratará, como Husserl decía, de un sujeto naturalizado, cosificado, como un ente (sustancia pensante, alma) contrapuesto a los otros entes del mundo material cuya objetividad o existencia extramental ha sido puesta en suspenso (epojé) a través de la duda metódica. La duda puede problematizar los contenidos del pensamiento, pero no al yo que los pone en duda. En el acto intuitivo, inmediato, de la apercepción o autoconsciencia, el ser del yo se patentiza clara y distintamente en el propio pensamiento, en la propia duda. Mi ser, como una cosa pensante, se me hace presente de forma inmediata en la conciencia que tengo de mí al dudar, al pensar. La primera verdad absolutamente indudable, pues, es la contenida en la fórmula " Cogito ergo sum"; una fórmula que vehicula lo que el yo capta en la propia conciencia de sí: su existencia como cosa pensante, y, por ende, también un sujeto ideante.

Como explicaba Hegel, la certeza del "cogito" se debe a que es en el yo donde se verifica la inextricable unidad entre el pensar y el ser: " *El pensar como ser y el ser como pensar es mi certeza, mi yo".* (*Lecciones sobre la historia de la filosofía III. F.C.E 1977*)

Ahora bien, aunque ya se haya ganado una primera certeza absoluta, inmune a la duda metódica, todavía no podemos saber nada sobre el mundo exterior a nuestro pensamiento. En efecto, cualquier otro objeto de mi pensamiento y creencia sólo se presenta ante mi conciencia como un contenido noemático, inmanente, algo que, pese a su "realitas obiectiva" (porque es el concepto determinable y, por tanto, distinguible de otros) , posee una " realitas materialis" que lo hace consistir en un "modo" de mi pensamiento. En efecto, todo aquello que se presenta en mi pensamiento sólo es, " en sí mismo" considerado, el contenido representativo de un " fenómeno" de la conciencia. Y precisamente donde la hipótesis del Deus deceptor aún conserva todo su influjo escéptico y negativo es en el ámbito noemático de estos contenidos de conciencia, es decir, sobre las ideas que yo tengo sobre el mundo. ¿ Con qué criterio poder discernir aquellos pensamientos que son verdaderos de aquellos otros que no lo sean, como por ejemplo, los fabricados por mi voluntad (facticios)?

*" Sin embargo, he admitido antes de ahora, como cosas muy ciertas y manifiestas, muchas que más tarde he reconocido ser dudosas e inciertas. ¿Cuáles eran? La tierra, el cielo, los astros y todas las demás cosas que percibía por medio de los sentidos. Ahora bien: ¿qué es lo que concebía en ellas como claro y distinto? Nada más, en verdad, sino que las ideas o pensamientos de esas cosas se presentaban a mi espíritu. Y aun ahora **no niego que esas ideas estén en mí. Pero había, además, otra cosa que yo afirmaba,** y que pensaba percibir muy claramente por la costumbre que tenía de creerla, **aunque verdaderamente no la percibiera, a saber: que había fuera de mí ciertas cosas de las que procedían esas ideas**, y a las que éstas se asemejaban por completo. Y en eso me engañaba; o al menos si es que mi juicio era verdadero, no lo era en virtud de un conocimiento que yo tuviera.*

*Pero cuando consideraba algo muy sencillo y fácil, tocante a la aritmética y la geometría, como, por ejemplo, que dos más tres son cinco o cosas semejantes, ¿no las concebía con claridad suficiente para asegurar que eran verdaderas? **Y si más tarde he pensado que cosas tales podían ponerse en duda, no ha sido** por otra razón sino **por** ocurrírseme que acaso Dios hubiera podido darme una naturaleza tal, que yo me engañase hasta en las cosas que me parecen más manifiestas. Pues bien, siempre que se presenta a mi pensamiento **esa opinión,** anteriormente concebida, **acerca de la suprema potencia de Dios**, me veo forzado a reconocer **que le es muy fácil, si quiere, obrar de manera que yo me engañe aun en las** *cosas que creo conocer con* *grandísima* *evidencia; y, por el contrario, siempre que reparo en las cosas que creo concebir muy claramente, me persuaden hasta el punto de que prorrumpo en palabras como éstas: engáñeme quien pueda, que lo que nunca podrá será hacer que yo no sea nada, mientras yo esté pensando que soy algo" (Meditaciones metafísicas. Tercera meditación. Alfaguara. págs 18-19)*

A Descartes aún se le plantea la necesidad de superar la hipótesis crítica del Dios engañador para poder justificar la confianza en la razón como nuestra facultad natural para alcanzar el conocimiento de verdades ciertas o indudables. Y la solución pensada por Descartes pasará por el rodeo deductivo de Dios: Descartes desarrollará tres demostraciones deductivas para probar la existencia extramental de un Ser sumamente perfecto.

Descartes encuentra en el ámbito noemático de la conciencia una idea de infinitud que le servirá como punto de partida para probar deductirvamente la existencia de un correlato extramental: un Ser infinitamente perfecto , causa creadora y conservadora tanto de la propia existencia del sujeto pensante como de su capacidad innata (razón) de concebir el concepto apriórico de un infinito pleno de perfección. Se trata de Dios, concebido como Sustancia Infinita y, por ende, "Ens per se", absoluto, libre y omnipotente; un ser perfectísimo, para quien, por ser veraz, el objeto de su omnipotente voluntad siempre ha de ser lo real y nunca el no-ser; un Dios que garantizará la correspondencia del pensamiento racional (es decir, de las ideas claras y distintas) con la realidad.

Digámoslo de otra forma: en el empeño cartesiano de liberar a la razón humana del yugo del principio de autoridad y de barrer del mapa filosófico a la Escolástica, a la que considera, como todos los precursores de la vía moderna, un obstáculo para el desarrollo de los nuevos descubrimientos científicos, Descartes recurrirá a demostrar la existencia de Dios, pero no con la finalidad de defender un preámbulo de fe, sino para fulminar el pensamiento escolástico, reivindicar la plena autonomía de la razón respecto de la teología y dejar expedito el camino a la nueva ciencia físico-matemática. La duda metódica y el supuesto rodeo teológico-deductivo cartesiano pueden verse bajo una nueva luz: un intento deliberado, pero prudente, por eliminar o remover los prejuicios escolásticos tradicionales que obstruían el pensamiento científico. Para este fin entra en juego la idea de la omnipotencia divina, una idea que pasará de ser una traba a una garantía para el ilimitado progreso de un conocimiento racional apodíctico y definitivamente independiente del poder religioso tradicional.

Dios como garantía de la veracidad del conocimiento racional humano.

Una vez que Descartes demuestra la existencia de un Dios Perfecto, ¿ podrá seguir en pie la hipótesis de que, en su omnipotente y libre voluntad, pueda querer que sea falso todo lo que concibamos clara y distintamente como evidentemente verdadero?; ¿ podrá convertir en falsa cualquier verdad demostrable racionalmente a partir de lo que sea evidente e indudable.

Entre estas verdades claras y distintas no se encuentra solamente la verdad del "cogito", sino también todas aquellas que podríamos llamar " verdades eternas o innatas" y que serían como " *ciertos pensamientos que no (procederían) de los objetos externos ni de la determinación de mi voluntad, sino de la facultad de pensar*" (Carta XCIX tomo I, en " Extractos de las cartas de Descartes". Traducción de Manuel Machado. Pág. 376).

En definitiva, estamos hablando de aquellas nociones y principios sobre los que, como escribe V. Gómez Pin, " *reposa la actividad entera del espíritu*" y de los cuales" *la matemática tiene... el privilegio de ser paradigmática expresión de la necesidad de los mismos*" (*o.c., pág 47-48)*. Estos, pues, son los fundamentos del saber matemático pues serían conocimientos aprióricos puestos o captados intuitivamente por la razón. Si se nos pide más concreción podríamos señalar, con ayuda de Gómez Pin, los siguientes conocimientos "innatos" o "naturales":

> " *... cosas de naturaleza simple, a saber: figura, extensión, corporeidad... tales determinaciones son lo único que da soporte a la matemática y a sus axiomas. No saco de la nada que el todo incluye a la parte, o que la igualdad respecto a un tercero implica igualdad entre sí*" (*o.c., pág.48)*

Y, por supuesto, tampoco puede faltar el principio lógico de no contradicción, el primer principio general del conocimiento racional.

Si como Descartes afirma tales verdades vienen con mi mente al ser creada, entonces ha sido Dios mismo , por su omnipotente voluntad, quien " *ha introducido en mi espíritu los axiomas generales del conocimiento y ha permitido su funcionamiento cabal...a fin de que yo estime que se da efectivamente corporeidad, extensión, figura, etc, y con ello que no todo es resultado de mi onírica construcción"* (o.c. V. Gómez Pin. Pág. 49)

Entonces, ¿ puede Dios ser engañador?; ¿ puede, en virtud de su omnipotencia, querer que mi dinamismo cognoscitivo natural, siempre que proceda con orden ateniéndome sólo a las intuiciones o ideas claras y distintas, me lleve a estar cierto de algo que no sea verdadero, es decir, de algo inexistente, como, por ejemplo, al "*numerar los lados de un cuadrado*"?. Tal es un imposible, puesto que pone en entredicho la misma omnipotencia que le caracteriza como " Ser infinitamente perfecto".

" Una vez que se ha demostrado (su) existencia, resta aún demostrar que no puede ser Engañador, para que devenga como el garante gnoseológico del criterio de evidencia. Descartes lo hace partiendo, no de la Bondad sino de la Omnipotencia divina: el engaño, el error, son un defecto, una deficiencia, un no-ser (la ausencia de la verdad), luego no puede ser el resultado de la acción de un ser Omnipotente en el cual toda posible acción hemos de pensarla como lograda, como productora de un efecto real, y no como productora de ausencias de efectos. Causar el error es signo de deficiencia y no de omnipotencia...

... De esta manera, Dios queda elevado a garantía gnoseológica de la evidencia, al quedar eliminada la hipótesis del Genio Maligno, por contradictoria con la existencia de un Dios Omnipotente. Cualquier decisión de Dios crea verdad, y, por tanto, no puede engañarnos: si Él dijese 2+2 = 5, crearía una nueva aritmética en que así sería, pues el valor inmutable y eterno de las verdades matemáticas también depende de la voluntad divina" (El pensamiento moderno: Descartes. Andrés Molina Mejía. Ágora, 1993. Págs.51-52)

Por todo lo cual, Dios como causa creadora y conservadora de la verdad, que hace verdadero todo lo que es objeto de su infinita voluntad, no siendo engañador, ha de ser absolutamente Veraz , sin comprometer para nada su libertad, pues Dios no hace nada determinado por ninguna razón exterior a Él mismo, sino que ha hecho que sea verdad y racional lo que Él ha elegido.

> " *En adelante, y por el carácter veracísimo de Dios, se puede aceptar sin ninguna duda que toda intuición clara y distinta es necesariamente verdadera...*
> *... Dios es garantía de permanencia de la validez del criterio de la intuición clara y distinta para ... (todo) saber discursivo, en el que (intervenga) la memoria" (o.c. Andrés Molina. págs. 54-55)*

8. CONCLUSIÓN:

Lamento no poder continuar por el momento profundizando en la Física cartesiana. Es una tarea pendiente ...

A partir de todo esto, se puede probar que Descartes, echando mano del mismo concepto de la *Potentia Dei Absoluta* que servía a los teólogos de la Inquisición para condenar las proposiciones realistas de la nueva física matemática, va a intentar superar las limitaciones impuestas al pensamiento científico por la teología tradicional y justificar la absoluta autonomía y evidencia del conocimiento racional. Descartes trataba de contraatacar y dinamitar el pilar doctrinal (la "angélica doctrina" de la que *él pudo oir hablar* así como haber leído en el "Diálogo" escrito por Galileo) sobre el que descansaban en buena medida las objeciones dirigidas por la Inquisición contra el copernicanismo.

El Dios omnipotente creador de la mente racional y de las leyes eternas que rigen el mundo de lo material garantiza que toda conclusión deductiva que sea alcanzada por la ciencia a partir de principios claros y distintos debe necesariamente corresponderse con el mundo del que Él es el autor.

Recordemos lo que le dijo por carta a Mersenne en relación con el punto de la condena de Galileo por la Iglesia: " *y yo confieso que, si (la afirmación del movimiento de la tierra) es falsa, todos los fundamentos de mi filosofía lo son también, pues **ella es demostrada** por ellos **de un modo evidente** ".* Ahora Descartes, basándose en la idea de la omnipotencia divina, parece desquitarse del sentimiento de frustración que pudo causarle la condena a Galileo, la sujeción de la razón a los condicionantes ideológicos de la tradición medieval. Mantendrá probablemente en secreto que su rodeo teológico deductivo era una especie de "regalo envenenado", precisamente, para derribar los muros de contención que impedían la libre investigación y el progreso del pensamiento científico... Descartes estuvo seguro de haber demostrado científicamente el movimiento de la tierra y, aunque rehuyó todo enfrentamiento directo, tuvo el genio y talento necesarios para desarmar intelectualmente a los que él veía como enemigos de la ciencia moderna.

Y si esto fuese así, tendríamos que modificar una opinión crítica que a menudo se emite acerca del sentido de la duda metódica. Se ha dicho mucho contra la duda metódica, juzgando que se trataba de un procedimiento bastante capcioso, artificioso, imposible, inútil. Normalmente se ha desacreditado su validez desde el punto de vista del fin que se propone obtener; puesto que, por ejemplo, ¿se podría pensar que pueda ser un paso obligado para la búsqueda de la verdad, libre completamente de todo supuesto previo, por ejemplo, de una verdadera falta de fe en la razón o en el modelo de un saber perfectamente riguroso, sistemático y deductivo?. En fin, críticas como esta o, incluso, más duras se han hecho al carácter capcioso o inútil de este proceder metódico.

Mi propuesta permitiría dotar de una nueva significación a este procedimiento: más allá y más acá del proyecto de dejar limpio el terreno (ocupado por la filosofía tradicional) para la edificación del edificio de un saber universal estrictamente construido sobre fundamentos indudables, lo que también impulsaba a la duda metódica era el deseo de saldar cuentas con quienes recurrían a la teología para limitar la autonomía de la nueva física iniciada por Galileo y que Descartes quería llevar a su máximo desarrollo. De ahí que la hipótesis del Deus deceptor pueda ser una especie de caricatura del concepto de la omnipotencia divina que era usado como objeción contra la nueva ciencia.

Córdoba, 12 de octubre de 2014

ÍNDICE DE CONTENIDOS:

BIBLIOGRAFÍA:

AQUINO, STO. TOMÁS DE :

De la eternidad del mundo contra los que murmuran. Texto traducido por Néstor Martínez, a partir del original latino contenido en "Opuscula Omnia", editados por Lethielleux, 1927

Summae contra gentiles libri quattuor. Tomus primus librum continens primum. Karl Albert et Paulus Engelhardt , coperavit Leo Dümpelmann. Wissenschaftliche Buchgesellschaft 1987

ÁLVAREZ, C & MARTÍNEZ, R.: *Descartes y la ciencia del S.XVII. Siglo XXI, 2000*

ARTIGAS, MARIANO: *Filosofía de la ciencia. EUNSA, 1999*

BACIERO RUIZ, : *El genio maligno de Suárez: Suárez y Descartes", U. P. Comillas 2007*

BELLARMINO, R. Card. : *Lettera al revdo. P. Paolo A. Foscarini, aprile 1615. Documentazione interdisciplinare di Scienza e Fede. http://www.disf.org/*

COPLESTON, F. : Historia de la filosofía, vv.2, 3. Ariel, 1989

COUSIN, V. :   *Cours de l'histoire de la Philosophie. Histoire de la Philosophie du XVIII siècle. Tome I. Pichon et Didier. 1829*

CROMBIE, A.C.: *Historia de la ciencia: De San Agustín a Galileo/2 . Alianza Editorial, 1983*

DESCARTES, R. :

Extractos de las cartas de Descartes. Editorial Garnier Hnos. Versión de Manuel Machado. 1921

Discours de la Méthode(1637). La Gaya Scienza. 2012

Discurso del método. Ediciones Orbis 1983

Lettres. Extraits de lettres écrites entre 1633 et 1638. Jean-Marie Tremblay. Collection "Les classiques des sciences sociales"

Meditaciones metafísicas. Alfaguara.Traducción de Vidal Peña, 1977

Principes de la philosophie. Oeuvres de Descartes, publiées par V. Cousin. Tome III. Lachevardiere. 1824

Reglas para la dirección de la mente. Ediciones Orbis 1983.

FERNÁNDEZ GARCÍA, Mª DEL SOCORRO: *La omnipotencia del Absoluto en Suárez: La necesidad de una perfección infinita.Revista Española de Filosofía Medieval 18 (2011)*

FEYERABEND, P : *Tratado contra el método. Tecnos, 1975*

GILSON, E: *La filosofía en la Edad Media. Gredos, 1985.*

GÓMEZ PIN, V.: *Descartes: La exigencia filosófica. Akal 1996*

HEGEL, G.W.E. : *Lecciones sobre la historia de la filosofía III. F.C.E 1977*

KOYRÉ, A.: *Estudios galileanos. Siglo XXI, 1980*

LEÓN FLORIDO, F. : *La cuestión in reparatione corruptae y el problema de la omnipotencia divina de Pedro Damián a Guillermo de Rimini. Caurensia, vol. VII.*

LUKAC DE STIER, María I.: *"Potentia Dei : de Tomás de Aquino a Hobbes". Semana Tomista. Potencia y poder en Tomás de Aquino, XXXVII, 10-14 septiembre 2012. Sociedad Tomista Argentina; Universidad Católica Argentina. Facultad de Filosofía y Letras, Buenos Aires.*

McMULLIN, E.: *El caso Galileo. Faraday Paper 15*

MOLINA MEJÍA, A.: *El pensamiento moderno: Descartes. Ágora, 1993*

RÁBADE, S: *Descartes y la gnoseología moderna. Sergio Rábade. Guillermo del Toro, 1971*

REALE -ANTISERI: *Historia del pensamiento filosófico y científico. Vol. II. Herder, 1992*

REI, D. : *La revolución científica. Icaria Editorial, 1978*

ROSSI, P.: *El nacimiento de la ciencia moderna en Europa. Grijalbo Mondadori, 1998*

www.ingramcontent.com/pod-product-compliance
Lightning Source LLC
LaVergne TN
LVHW010656200726
843507LV00011B/1895